U0539167

生命的出口

彭品心 著

前言 8

第一章　瞬息萬變　處世不驚

一、人的思維在無常中警覺 18

二、為什麼要維護精神平衡？ 28

三、為什麼要維護思維健康？ 36

四、如何才能維護身體健康？ 43

第二章　無須造作　天自安排

一、天道無私，萬般皆因果 52

二、為什麼越是刻意，結局越是令人失望？ 60

第三章　提升認知　遠離疾病 82

一、認知就是能量，能量就是健康 82

二、讓精神更健康，皆取決於什麼呢？ 88

三、世事無絕對，命運無絕對 94

四、學會祝福世界，世界才會祝福我們 100

第四章　海納百川　健康常在 110

一、如何才能擁有自在之心？ 110

二、與自己好好相處，才能夠與世界好好相處 117

三、為什麼要培養自我協調能力？ 123

三、生命的到來，皆是為了什麼而來？ 66

四、人人皆凡人，人人皆獨特 74

四、宇宙之大，無須自尋煩惱 132

第五章　以人為本　以善為藥 138

一、什麼才是醫治所有疾病的良藥？ 138

二、延續良善的思想，才是人生正確的修行之路 146

三、為了愛，好好活下去 152

四、如何成為健康的小天使？ 158

第六章　沒有完美　盡善盡美 168

一、殘缺也是一種完美 168

二、完美的反面，將是一種毀滅 173

三、殘缺人生，如何向內求？ 179

四、人生沒有完美，只有盡善盡美 186

生命的出口 | 6

第七章 知因果者 無懼因果

一、修身立己、得以出世紅塵 196

二、擇善者而從之、擇惡者而棄之 202

三、懂得遠離，精神疾病患者 208

四、魔高一尺、道高一丈 214

第八章 天道無私 道法無邊

一、窮則獨善其身，練就強大內功 224

二、道不同、則不相為謀 229

三、要如何成就人生最好的姿態？ 235

四、千人千面，誰人能解惑我凡心？ 242

前言

我望著那漫無邊際的山谷畫意,那熟悉的天外仙境,彷彿早在幾個世紀以前,時光早已說好邀約我相逢於此時,此情,此景,不早、也不遲、不冷、也不熱、此時一人獨處,無有他擾,時光依舊,依舊寧靜,亦然恰好。

手邊擱置一盞承載 25 年的沉香熱橘紅,此時此刻、橘紅正還溫熱繚繞於眼前,懷著歡喜心,我細細地品嚐了一口,一股甘甜回流於丹田,又似如父母的關愛,那久違的沉穩、且又夾雜著一股老道的清甜,又彷彿等待了千年的良師益友如期歸來,讓人如此珍惜這一秒的懂得,原來是這老道橘紅裡只多添加了一味甘草、便可調和出如此道行,且混沌地曠世苦中回甘,三生有幸,在這個驚慌失措的龍年,還能夠靜下來細細品味這來自大自然因素調和的清肺橘紅茶。

不知不覺,轉眼瞬間,便已是 2024 年初春,又恰逢這台北三月的清涼時節,2024 年的三月,又有著些許特別之處,這連續半月的低溫,已是多年難遇了,這樣一個冰涼的三月,又似故意擇選在這個龍年好讓人記得它的特別,儘管今年還是居於如此清雅的寒舍,卻也因了這空間的寧靜感而顯得心情分外淡然。

然而，生命還能與時光邀約、心情還可以在此時寂靜到極致，以至於這冰涼思緒達到忘我的境地，又有著些許諷刺，這樣一個多事之秋，2024年龍年的三月、還能有幸邂逅這般空無境地，這也實屬殘生歲月裡難得的福分、及加冕，然而，在前些幾日，龍年的三月、不再像往年那般賦有安全感、可靠感。

明知對世俗紅塵已淡，如今已是年過半百花甲，還能喜得這般神韻，片刻滿心虔誠之意、一人寡歡自在，那麼，此時此刻，暫且不提前生來處，也不再奢望餘生去往何處，借此時青煙繚繞，一盞茶、伴著心意，不如索性提筆，深知這一提筆，又將是一席俗茶、米飯、柴火、青煙，又將是一場紅塵緩緩滾滾而來去，皆是一番心靈療養、修身、修心、治理、及自度罷了，區別只在於，這不一樣的人兒提筆，在文詞表達方面，將會給人帶來別樣的智趣、收穫、及享受罷了。

當靈魂越安靜，思緒就會越遙遠、思考就會越清澈、思想就會越明智，所以，擁有清靜心，也是擁有一種自在心、菩提心、無我心、忘我心、皆知這紅塵油膩過度，此刻能得如此清靜，又恰似在欣賞這書卷中那萬里河山、繁華皆於眼前飄迭，你正與紅塵此時相約，又恰似在陽光清晨中遇見鳥語花香般和諧自在，然而，此時，你卻又在嘆息，這人間諸多欲念皆虛無、任誰也擺脫不了現實及考驗。

造業者，皆惡果、受業者、得福報、又一次偶遇這陌路花開靜心庭，於經年之間細品這百味人生，明知喜怒哀樂皆無常，唯有學會放下，放下那些虛空念想，才能收穫思維的更高度，放下不是放棄，放下不是學會自我解脫，放下是學會包容、放下是自我成長、放下也是自我重生，放下還是自我成全自我。

天道無私，萬般皆因果，你唯有自度，才能解脫人間苦難折磨，從而遇見生命的不平凡，明知生來無有、死去無有，試著在虛無中感受無我，有了無我心，便有了利他心、也便擁有了自在心，也便能理解高度思維空間裡的神秘之處，你若是感應到了，便是一種超然、是一種富有、且是用金錢無法衡量的高度、及富足，這便是維度空間裡的微妙之處，更是一種境界的高度。

然而，在這個地球上，有一種人類永遠也不會知足，儘管物資如此豐富，環境如此優越，家庭如此幸福，他們還是不懂得珍惜自己所擁有的東西，反而因此優越條件變得更愛計較、攀比，這也不知道是怎樣一種因果，且無人能夠解惑，也無人能改變這種因果惡性循環，於是，人們不斷在虛無的空間裡追求著虛無的東西，日復一日，年復一年，周而復始地循環、再循環，無休無止。

是啊，人類實則是極其可憐的生物，人類只是一種生物的性質，人們因為這種生物的

生命的出口 | 10

性質而迷茫、追求、歡喜、憤恨、悲傷、幸福、快樂、遺憾、失望、然而，這些感知，且又是如此真實存在著，並牽制著每一人的心靈成長。

明知一切虛無飄渺，明知萬般皆因果，所以，有人懂得如何樂在其中，他們因習慣了付出而無怨無悔、他們因習慣了努力而充實自在、他們因足夠優秀而光亮了人間，的確，生命雖是虛無空幻，但又表現地如此真實、確切。

那麼，既然還能夠觸摸到這個世界，既然還能夠感受一絲生命的溫度，那麼，請務必要珍惜自己，且要善待自己，以及善待這個環境，因為，唯有學會善待，才懂得如何付出，然而，習慣謙卑、才能在謙卑中遇見更美麗的自己。

這人啊，這一生都要不斷修為自己，除非他根本不想進步，除非他只為索取而來，相信大多數人都知道，這個地球的主人是人類和風水，這個地球上除了自私的人，還是自私的人，於是，人人皆自私，人人皆風水，所以，自私並沒有錯，錯在因自私而傷害了他人，錯在因自私而影響了他人的心情和生活。

人們討論風水、研究風水、創造風水、改變風水、然而，人就是風水，風水也就是人，這個地球上的人，只有男人和女人，從而男人就是女人的風水，女人也是男人的風水，因此，命運也皆在人性風水之中隱藏、遺傳。

一個風水好的人，能夠給人帶來幸福和健康，而一個風水差的人，只會給人帶來災難和痛苦，難道不是嗎？因為有些人越靠近，你就變得越陽光，而有些人越靠近，你就變得越狹窄，這便是因了個人風水不同而所產生了正負兩極化。

人類雖然一直在不知不覺中演繹著因果故事，但許多人，並不知道人性就是人類風水的主導權，除了自然災害不可控之外，人性風水的好壞，實則是人性自我本性善惡所決定而來的風水好與壞，而人性風水好與壞，主要取決於人類的自私程度高低、及慾望高低，顧名思義，人類在精神上想要完成任何事情，都將會產生他在風水上的變化、及轉換、亦或是善惡分別。

正是因為風水有好壞之分，從而便會產生了命運、因為人性有善惡之分，從而決定了命運好壞，於是，大我環境的好壞，決定了小我環境的好壞，而小我環境的好壞，又決定了人性風水的好壞，然而，人類風水命運，卻又是福禍相依，且又真實存在著，這也正是道法的玄妙，因此，得失共存，皆是天道。

人類身上的風水，決定了他的思維是否健康，亦或是身體是否健康，人類的風水也可以是人類電磁場，只要你靠近他，他便會干擾你身上的電磁波，或者是言語上的干擾、精神上的折磨、皆是無可避免地干擾，那麼，相處時間越久，影響就越大，甚至有精神疾病

生命的出口 | 12

發生地可能性、亦或有基因突變地可能性。

不難得知，你跟誰相處，決定了你未來的人生是否健康陽光，這包括你的精神狀況，也包括你的身體狀況，如若是你長期在不可抗力的環境中勉強去做了靈魂不想做的事情，長久以往，你的基因就會發生變化，人格也會發生變化。

也就是說你的性格正在潛移默化中轉換另一種基因，而這種現象，皆是你無法控制，且不可抗拒地變化過程，幸運者相安無事，不幸者則會導致壓迫性神經疾病、及基因突變，以至於長期在精神上受盡了折磨，你卻無法去改變因果。

此書寫作方向共分有三大核心方向，這三大核心內容，皆離不開精神系統、思維模式、修身立德、借由自然、科學、人性的角度引領，敘述人類健康的根源，皆由精神系統環境而改變，你的精神環境將決定你的成長方向、也將決定你是否真正健康，而你周圍的電磁場干擾，也將決定了你的生命週期長短。

你越懦弱，被操控的可能性就會越高，你越強硬，被操控的可能性就會越低，然而，人的內在精神環境，皆在主導與被動之間轉換它的質量，你是主導性的思維模式，還是被動性的思維模式，決定了你內在精神質量是否健康，你是混沌地活著，還是清醒地活著，皆取決於你的思維模式是否理性、是否平衡。

這一書，內容的承上啟下、及經過，核心價值分別呈現，但其核心內容，皆是相通聯的邏輯，觀賞此書，大致上要跟隨自然、精神、人性、思維、修為，這五大方向去思考人生，然而，幾千年智慧，一直是換湯不換藥，無論你從哪一個角度來觀賞此書，皆會離不開如何培養健康精神、及內在修為，以及如何培養健康獨立思維模式系統，才不會被環境中的負面磁場，從而去左右你的內在精神健康。

選擇閱讀此書，將會帶您走進思維深層領域，與您相約於美好精神花園內在王國，這裡有最健康的思維模式、以及最平衡的人生三觀、學會分辨善惡、黑白、排除一切不利於你成長的人、事、物，勇敢拒絕現實中的負面干擾，得以精神上健康成長，得以修為高尚的靈魂、得以生命的延續、且是健康的永久延續。

所有的痛苦與折磨，皆是錯誤思維、及感情用事的結果，一切痛苦，皆是無知的表現，當你看清了人性、明白了自己、痛苦也將會慢慢地消失不見，人生只是一個成長地過程，是一種階段性漸近式成長過程，然而，疾病與痛苦的存在，皆是為了道德綁架人類的精神健康、及身體健康，我們且為此而嗤之以鼻。

人生之路，行到最後，最終，人人皆離不開修身、立德、齊家、治國、平天下的成長演變過程，然而，有些人、有些事、可以提早防備，才不會造成不可挽回的局面，提早認

知這個世界、及人性，也便是提早將與健康為伍前行。

是的，此書苦口婆心的目的，皆是為了與健康同行、與高人共飲、這又何嘗不是人生幾大快事呢？要知道，精神靈魂才是你一生的伴侶，換一種說法則是，你自己才是那個最了解你的人，也唯有你自己才是你生命的伯樂，伯樂之所以無價，是因伯樂只能向內尋，因為向外尋找伯樂、絕大多數人將會失望至極。

最好的陪伴，不一定要靠成群結隊，最好的品味，不一定要靠華麗裝飾、你明明白白、清清楚楚、這世上，唯有智勇雙全之人才值得你親暱、唯有德才兼備之人才值得你敬仰，這又何嘗不是大多數人類的精神追求方向呢？

人生，這一條修行之路，皆離不開精神的支撐，以此為核心，人類精神文化延續到了今日，然而，明明依靠精神支撐的靈魂，又為何使人心最終演變成如此現實呢？即便有些人得到了平安、健康、財富，人性又為何永遠不知滿足呢？

隨著時間的進化，以至於大多數人最終患上各種精神疾病，而後再演變成身體上的疾病，以至於最終走上死亡之路，人人皆知，人的存活週期是有限的，但是人類的慾望卻是無止境的，這便是問題的根源存在，當生命越短暫，人類所求的事物就會越多，因為，人人皆會害怕來不及、等不及、也或是不想等。

15 ｜ 前言

也正是因為這種等不及、不想等的心態，才導致痛苦不斷在增加，因果永無休止牽制人類世代命運，那麼，何不從修身這一課開始重新認知天道與人生呢？我們可以試著逆向思維一個邏輯，如果你正處於求而不得的狀態，你可以試著暫時放下追求，先學會如何付出，再去體會人生真正的財富是什麼。

先學會以一種無求的姿態努力提升自己，在一無所有的時候，試著去做最正確的事實，那便是在一無所有的時候進行自我內修，先去做好你應該負責的事情，因為，人總不能在一無是處的時候，心裡還想著要得到多少財富？得到多少人來愛，是吧？

這也皆是不可能的事情，想要得到理所當然的回饋，那麼就必須懂得付出地重要性，要如何成全他人的幸福，要如何以大局為重，要如何在失敗中隱忍，要如何努力精進自己，且以最虔誠的心，去做正確的事情，且以最真的情，去累積屬於你的真誠、你的實力、而不是一心想要一步登天，得到多少財富。

是的，這個能夠成就健康內在的法則，一直都是逆向思維邏輯，因為，真正的得到，不是一直去索取他人，真正的得到，是不斷在付出、不斷在折騰、不斷在創新、以至於當有一天，你能夠依靠自己的實力，從而穩妥地站起來，這才是你真正的實力，你所累積地是一種不可多得的生命韌性，且不是用金錢所能代替的有限財富。

生命的出口 | 16

所以，有限的財富，皆不會讓你享受到人生的至高境界，唯有無限的智慧，才能讓你的生命，皆是珍貴，皆是豐富、且是無價的存在，如若有一天，你變得更成熟了、更堅強了、你不再被金錢所迷惑、你不再被人性所傷害、你不再被仇恨所牽制、那麼，恭喜你，你的苦難已經熬過去了，你將與你的伯樂一路同行，且永不孤獨。

然而，真正的孤獨者，並不會孤獨，因為，人生的苦難行到最後，皆會是一種甘甜在回流，又正如這一杯沉香甘甜的清肺橘紅茶，經過幾十年的自然蒙沉澱效應，當自然的蒙，被人體吸收，便能瞬間讓你的心血管系統順暢無阻。

然而，成長也是同樣的道理，在經過幾十年載的自然苦效應，當自然的苦，被智慧吸收，便能瞬間讓你的思維變得通透明亮，且轉換成屬於你的財富，你將會收穫一種豐富的精神感知，這便是你從未觸及過得更高思維境界，於是，所有的苦難與折磨都不再那麼重要了，所有的失去，也皆會轉換成為另一種收穫，而後再回饋於你，這將會是一種無價的精神財富，且無人能夠偷走。

作者此書，皆是為了修為健康富有的人生而創作，在學會與思維好好相處的同時，也要懂得如何與高人、良人同行、是的，人生可以是一個人的舞台上，還有許多人也真實存在著，正是因為這些人的存在，才會形成天道與人性之間相較量的真理存在，而這個真理，將是你一生的健康、及財富。

17 ｜ 前言

第一章 瞬息萬變 處世不驚

一、人的思維在無常中警覺

告別東方人的除夕春節，迎來嶄新的2024年，民心也正準備回歸日常的平靜，這個春節沒有像往年那般懷有更多期盼，一如既往地我與父親時常保持著聯繫，最近聽父親提及家中兄長生病了，在與父親聊天過程中，一切都顯得那麼平常，聽起來兄長只是生病了。

病情真相延遲到親屬們將兄長送去湖北省協和醫院之後才得知，在一次視頻連線中，見到兄長時他已是淚流滿面，他的眼淚如此真切，在不知所措中我著實感到意外、驚訝、一向不善於言辭的兄長在此時此刻顯得特別感性，經過一番久違地心酸之語落幕，我感覺到有一股不尋常的信號，似乎提醒著我什麼，然而，我卻不知如何說破此時這種異常現象。

記得在此之前，曾有一天兄長半開玩笑得問我，「妹兒，我這每天全身疼痛難忍不止，你說說看，我這是不是無德之人啊？」我安慰兄長說：「腰部疼痛不止是因為血液循環不好所引起地壓迫性神經痛，你要想辦法讓體內血液循環加速，才能夠緩解疼痛發生。」

在未經診斷之前，只聽父親說兄長的疼痛部位類似骨質增生、腰間疼痛類疾病，父親

生命的出口 | 18

買了國內最新研究成果鐵腰板，正打算進行理療，然而，事出突然，誰料由市區轉院到湖北省協和醫院之後，兄長於 2024 年 2 月 26 日確實診斷為多發性惡性骨髓瘤、第三期。

起初兄長還不以為然，他樂觀認為自己只是早期患者，因為這幾十年之間家族裡並沒有人經歷過這種怪病，只知道現如今科技發達，醫療水平一直突飛猛進，許多第三期癌症患者，也都能夠通過電療、化療、以及各種藥物治療，以至達到自理生活得可能性。

比如我家婆婆，葉郭穀妹在九十一歲高齡的時候，患上大腸癌第三期，經過權威醫師評估之後可以進行手術切除，然而，切除手術之後，在住院期間檢查血液報告中，又發現婆婆患上子宮脛癌第三期，這一連發突發狀況，讓家人只能夠選擇配合接受治療。

於是，婆婆在九十一歲高齡的時候，在同一月期間一共做了兩次切除手術，腹部傷口超過 15 公分，並且大小便也失禁，但是經過我半年細心照護，及配合醫學上的電療、化療、藥物等搭配治療，在半年時間之內，便已經很好地控制住了她體內的癌細胞指數，由原來的癌細胞指數 3.8 控制到 1.8 正常比率，且存活壽命至去年 2023 年 100 歲高齡往生離開。

於 2023 年農曆 7 月 29 日，婆婆以 100 歲高齡才離開了我們，且是一位曾經右腿摔斷並嚴重骨折的重大疾病患者，一番別離，心情才從婆婆離開之後的人情世故中，正慢慢地緩解出來，才慢慢地試著看輕、看淡人性，慢慢地不想再糾結那些不悅之事、及不喜之人。

台灣這片土地，有我的惡夢，也有我的責任，回顧這四季如春的桃花島，如今足足已有20年的人生經歷，我從一個熱情開朗、簡單無求的女孩，演變成一個五毒不食、從容淡然的女人，我深知，這人啊，一生中所有的苦難，皆是為了度已而來，災難從來不會向你預告它什麼時候會來，所以，不如從容面對一切發生與結束，這也算是一種如來、及坦然吧。

人生只是一個成長、開悟地心情地過程，在不經意之間我們便已老去，那些清純地童年回憶，早已經離我好生遙遠、好生遙遠、也許人這一生，唯有忘了來時路，才能夠釋懷這見天地、見眾生、見自己的過程，難道不是嗎？人生若是沒有失去，又怎會變得通達睿智呢？

隨著婆婆離開，本就不喜悅地心情，才數月，又伴隨著家中兄長不幸確診多發性惡性骨髓瘤第三期晚期的壞心情，使得心情更是鬱鬱寡歡、食之無味，曾經的愛恨交織，及委屈，只想瞬間放下，此時，我心裡只有一個念頭，那便是希望兄長能以正常壽命活下去。

兄長名：彭其華，屬龍，年僅四十九歲，1976正月初四凌晨出生，記得兒時，我與兄長之間有著深厚的手足之情，我們從未爭吵過半次，向來只有小妹與兄長喋喋不休、記得我們一起陪父母勞作，一起上課學習，一起對戰九宮三線棋，一起吃著母親用愛做得飯菜。

那些年，生活過得這般無求、簡單、卻又如此幸福快樂，因為無求，所以幸福、因為

生命的出口 | 20

簡單，所以快樂、如果可以，生命可否永久保持這般純良、如果可以，生命可否永久保持這般純真無邪、且沒有疾病，然而，事與願違，人性正在萬變環境之中慢慢地被摧毀。

記得那日得知兄長患有多發性惡性骨髓瘤消息的當天，心疼和不捨來得如此真實，人的心臟是一個脆弱的東西，人的感情也是一個脆弱的東西，而人的感性也在此時一覽無遺，我習慣性地壓抑著內心的傷痛、及波瀾、希望能從理性中為兄長尋找活著地出口。

我開始不停地尋找病因，但是多發性惡性骨髓瘤，其病因目前查無切實相關依據，據悉當今相關資料，此病，類似於有過多接觸到自然界的有毒輻射、所引起的相關病歷較為廣泛，也就是指長期暴露於放射性輻射、及有害輻射、或是化學物品者較為明顯嚴重。

而後，我又不停尋找骨髓移植所需要的骨髓乾細胞，這才得知台灣佛教慈濟醫院財團法人，是目前免費捐贈骨髓乾細胞最完整的財團、及機構組織，目前慈濟已經擁有 30 多萬人次的愛心案例可以為患者免費配對骨髓，果然，佛法無邊不是虛傳的名詞，這人間確實有佛光普照，且人人皆可修為成佛。

然而，災難從來就不會事先預告你，2024 農曆 2 月 6 日上午巳時 10 點左右，我正在與小妹聊天之中，又突然從父親口中傳來惡訊⋯你們的母親方才自盡結束了生命，我試著

21 ｜ 第一章　瞬息萬變　處世不驚

質問父親：父親，您這是否在騙女兒呢？隨著醫護人員的到來並已確認了母親逝世的事實，母親這麼突然地選擇自盡，著實讓人匪夷所思，而真相直到數月之後才露出水面，當日表姐夫在哥嫂葡萄地裡對母親說：家屬傳來消息，請準備您兒子的後事。

那日，我以為自己還能夠穩住那天生高冷、高強的抗壓力，而卻在那日顯得無濟於事，於是在憤怒中，我傾盡了內心所有的悲痛，好不容易才讓心情回歸了原狀，我告訴自己，你還有許多未有完成的使命，你不能被死亡打倒，你不可以再哭泣。

我突然發現這24年的遭遇，命運盡是如此可笑，總是給我開著大大地玩笑，我的母親聽信了嫂嫂跟表姐夫的謠傳，且因連續遭受精神上的嚴重打擊，以至悲痛欲絕、從而選擇了自盡……然而，此時兄長還躺在協和醫院病床上正在接受治療，難道言語真的可以殺人？

我偉大的母親是一位難得，且又無比堅強的女人，是何等悲痛，導致母親選擇自盡結束了自己的生命呢？又是何等精神打擊，逼得母親去自盡了結生命呢？然而，眾所周知，母親不是一個害怕吃苦的女人，更不是一個害怕困難的女人，恰恰相反，母親是一個頂天立地的女人、女漢子，母親是一個寧可自己受苦，也不願意看見自己孩子受苦的偉大女人。

2024年龍年農曆二月初六巳時，我的母親朱九香在被迫中離開了我們，這一年母親享

生命的出口 | 22

母親用她的生命警告了世人：飯可以亂吃、話不能亂說、記得兒時母親經常教育我：害人之心不可有、防人之心不可無、我偉大的母親為人自律，且不折不扣，母親這一生勤儉持家、相夫教子、母親一直是一位賦有智慧，又有膽識的女人，她這麼有智慧，又何必聽信他人之言結束自己的生命呢？她是因為看不到希望，所以才結束了自己的生命嗎？她是因為受到委屈折磨，所以才結束了自己的生命呢？她是想警告世人什麼，所以才結束了自己的生命嗎？她是因為看透了人性醜陋，所以才結束了自己的生命嗎？以上答案皆是。

就在2024年農曆二月初六，母親離開這一天，我為了急迫辦理過期護照，獨自一人奔波於台北市區各大街道，才轉眼恍惚瞬間，這座美麗的城市在我眼前盡然變得如此陌生，曾經琳瑯滿目的台北夜景在此時顯得如此多餘，而眼前這些，又與我有何關係呢？顯然已經是傍晚街燈通明了，在雨中，我目測那穿梭不止的車水馬龍，這座美麗的城市卻成了絆腳石，成為影響我回家的絆腳石，甚至在通工具，然而，此時，她們手上的交此時，我早已經忘了，我還是一位母親的身份，我還有自己的孩子需要我來照顧。

年七十四歲，而在這樣一個虛幻的龍年，也正是兄長的本命之年龍年，眼前一切災難依然發生，災難是來得如此虛幻，病情還不到宣佈死亡的時候，一念得生、一念得死、母親只是不清楚兄長的病情，因為，從來就沒人告訴她，這個病只是治療方法複雜了一些。

23 | 第一章 瞬息萬變 處世不驚

此時，台北街道上滿滿都是行人，然而，這裡卻沒有我想要找的人，我壓制住內心的悲痛與狂浪，我只想穿越時空，飛回母親身邊，如果可以，我希望從未離開過母親，如果可以，我想穿越時間和地區，立刻回到父親、母親身邊，我想請母親留下、不要離開。

天空正下著細細地小雨，這立春前的小雨落得如此冰涼，讓人涼透了心、涼透了情、這個城市感到徹底失望了，我知道，換了任何人都不願意接受這種殘忍事實的真相，然而，災難卻來得如此突然，而此時，我的靈魂，早已經悄然飛越了幾度空間，回到了兒時那一間，有著父母親的童年老屋，我清楚地知道，那裡一定還有父母親正等著孩兒的歸來。

我深深地知道，人的生命，沒有第二次機會醒來，我們唯一所擁有的生存權利，便是在當下擁有更改惡性因果的權力，因為，只有當下的思維，才能夠導致人的行為，只有當下的思維，才能夠影響未來的結果、及命運，這是無可厚非的事實，難道不是嗎？

這樣一個冰涼的農曆二月初六，母親子然一身地走了，她這一走提醒了我健康的身體是如此重要，她這一走告訴了我思維的高度也是如此重要、我問蒼天，想要一輩子好好地活下去，難道就這麼困難嗎？又到底有多少痛苦的因素，能讓一個女人連死都不怕呢？既然她連死都不怕了，那麼，她為什麼又不想好好地活著呢？不想活著與黑暗去做對抗呢？

生命的出口 | 24

雖說生死有命，人要各安天命，但我還是極度不願意接受突然失去母親的事實，這種離別的方式，這其中必定事出有因，這現實與人性的醜陋徹底打擊了她，母親才會委屈而走，我壓抑著內心的悲傷、及憤恨，我拚命搜尋著關於多發性惡性骨髓腫瘤病情的相關資料。

多發性惡性骨髓瘤，這是一個移植可能性非常高的疾病，且病理相當複雜，因為淋巴免疫系統抗體、漿細胞病變成了癌細胞，從而使得患者的免疫力，將會持續不斷下降，骨髓將失去正常造血功能，從而病變之後的異常癌細胞，便會分布於全身骨髓四處，白血球也會異常增高，甚至導致人的精神疲倦，腎功能失常等異常生理現象出現。

那麼，這個病的起因到底是什麼呢？一個正常的淋巴保護系統、免疫抗體、漿細胞、為何會變成了一種癌細胞呢？患者在這個過程中到底經歷了一些怎樣的自然因素，才會產生正常細胞組織癌病變呢？答案皆有待我們去思考、去探究，也正是因為這個疾病，及病理的複雜程度，所以照護患者的親人，更要相當細緻、細微，且又謹慎地來照顧患者，患者由於免疫力正在速度下降，適合在平衡溫度環境中，才能減輕、及避免患者交叉感染其它疾病的風險，那麼，其家屬同時也扮演著極其重要的角色，反之則會影響到治療全局。

這是一個末期存活機率最多不到十年的惡性疾病，病因且相當複雜，目前還尚未得到

25 ｜ 第一章　瞬息萬變　處世不驚

完整的病因總結，具目前資料研究結果顯示，由於患者長期暴露於放射性、輻射、毒性、以及化學物品者，其發病機率較高，其次便是老年患者居高，平均年齡在 50~70 歲之間發作，據統計，一般末期患者平均存活率只在 2~3 年，現今醫學正在進步，通過最新研究使用標杷治療模式進行階段性治療，也有患者存活率高達 5~7 年，最好的情況，也只有十年左右 存活期，如若是患者在不接受治療的情況下，其存活率只在 7 至 9 個月左右。

不幸的事還是發生了，得到這種病是一個家庭的災難，由於治療費用相當昂貴，不是一般家庭所能夠撐得起的費用，低則幾十萬、上百萬元人民幣，高則幾千萬台幣皆有，且沒有完全康復的可能性，只能有效控制癌細胞生長速度，得以延長患者存活壽命的可能性，換言之，得上這種疾病的人，等於提早就宣佈了生命週期，以及提早宣佈了慢性死亡。

然而，在許多時候，奇特特異的疾病產生，皆是因為人們忽略了生活品質，皆是因為人們忽略了環境裡破壞性病因源頭，從而導致不可挽回的地步，這災難從來就沒有早知道，如果有早知道，人人將會懂得好好愛自己、愛弱小、愛環境、愛學習、愛護整個地球了。

那麼，我們為什麼不可以早一點知道這些危機呢？答案是可以早知道的，我們不但可以提早預防身體上的疾病產生，還可以提早預防精神上的疾病產生，只要你長久以往保持一個謙虛、且勤學上進的學習態度，只要你長久以往保持一個樂觀、且心懷感恩的處世態

度、提早懂得如何善待學習、善待他人、那麼，疾病也將會相對性減少發生。

我們還可以試著思考，當你的閱讀範圍變得廣泛了，你的認知水平，便會相對提升、當你的思維模式變得高階了，那麼，健康和快樂，便會隨時伴隨你的左右，難道不是嗎？

陽光燦爛了，那麼，只要懂得調和自身內在素養、以及調和個人風水，那麼，這個大環境便將會有所改變，當大環境、及風水，有所改變之後，整體人類的命運，也將會隨之有所改變。

那麼，當人類能夠做到自我調和內在素養、及風水，那麼，便能夠預防各種不明精神疾病的發生，如果人人能夠做到自我調和內在素養、及風水，那麼，這個大環境便將會有所改變。

簡言之，越平衡的內在精神風水，越能夠改善個人命運、越健康的內在精神思維，越能夠維持身心健康、越寬容的內在心胸素養，越能夠遠離精神疾病、所以，良好的思維、及良好的德行、以上皆是遠離疾病的健康源泉，也將是人人必修地人生課程。

何為人類命運風水呢？這世界上除了男人就是女人，那麼，一個女人的德行風水，終究會牽制在一個男人的命運風水之上，而一個男人的德行風水，也終究會牽制在一個女人的命運風水之上，與此同時，一個家庭的風水好壞，也將牽制在其家族德行風水之上，換一種說法則是，一個女人是一個男人的風水，一個男人也是一個女人的風水，除此之外，一個家族的風水好壞，將會直接影響一個小家庭的風

27 ｜ 第一章　瞬息萬變　處世不驚

水，從而一個小家庭的風水好壞，又將會直接影響其家人一切健康教育上的問題。

二、為什麼要維護精神平衡？

2024年二月初六，母親確定已是離開，這是永生無法抹去地傷痛，這一切災難地發生也讓我有些措手不及，離開娘家已有24載，到底曾經發生了一些什麼，才導致今天這種局面，我的理智告訴我，必須暫且放下這些傷痛，於是我不停在思考這種疾病的病因，也不停在思考母親的真正死因，我們都知道，所有的果都將會有所原因，只要有果，則必有因。

到底是什麼樣的因，形成了現在的果？這個過程之中具體是如何在演變？又一路病變了多少因素？這個果，才會如此不合常理地發生了呢，雖然人的離開是一種宿命，皆是一種必然，但還可以從這個必然地過程中，找到預防地出口，盡其可能去減少惡性因果的發生，那麼，又何不化悲痛為一種力量呢？興許還能夠從悲痛中，找到更改這惡果的方法呢？

要知道，無論你有多麼善良，這是一個瞬息萬變的環境，務必要保持一種處世不驚的姿態，才能夠順應這萬變地無常，因為，遇事越驚慌，越不會有解決地好方法，相反，持有一份坦然，興許還能正確處理事情，一切情緒化地感情用事，都將成為必然地敗筆。

生命的出口 | 28

記得，哪怕天大的事情壓下來，也要正確說話、正確處事才能夠解決問題，而現如今，唯有把失去母親的傷痛化成尋找光明的索引，才能讓一種失去轉變成一種得到、轉換成一種警惕，無論在你的內心，再怎麼不捨，也只是因了這一份親情，試想一下，這世上上億萬人類，誰家還沒有個生離死別呢？所以，唯有化悲痛為力量，才是最明智地選擇。

人生的過程是一個無法回頭地行程，即便是偶爾回頭，也只是多了幾分感嘆、及遺憾，因我深知，你我深知，一個殘酷的事實，彼此除了你的父母會等著你歸來，彼岸不再有任何人會停留在原地等你的歸來，無論你信與不信、痛與不痛，這便是現實，這便是由環境所演變而成的真相。

因為，人類從嬰兒時期，再到成人、及成長過程之中，將會變得越來越現實，變得越來越諷刺，變得越來越喜歡攀比，而這種演變過程，則是一種必然地自然結果，所以，當我們在成長過程中感知到力不從心、感知到求而不得的時候，便要懂得及時止損，及時止損，則是指避免產生過多地傷害、及過多地悔恨，唯有如此，才能夠減少惡果發生。

成長，不僅是個人的事情，成長應該考量地是一個群體、一個整體的事情，如若是成長變成一種狂妄自大、不知惜福、不知感恩，那麼，即便是再要好的關係，也將會失去、

甚至是造成仇恨、及悲劇，從而在靈魂上也將得不到真正地安息，然而，人生這條修行之路，也必將會是一個敗筆、一種遺憾、一生虧欠、也或是一種無法更改的惡性因果。

那麼，要如何更改、阻止這些惡性因果地發生呢？我們應該時常思考問題的根源在哪裡，唯有如此，才能夠在這僅有的時間裡，竭盡全力去化解未曾發生地惡果，如果你願意，人人皆可以試著以此生的真誠，去換取來生的善果，你會發現，這一路上，你的包容越多、你的福報就會越大，而你的付出越多，你的快樂就會越多。

是的，人生是一個逆轉時針，我們看似失去了許多，也看似吃虧了許多，反而會在不期而遇之間收穫常人所不能及地意外、及收穫，而這種收穫並不是用金錢多寡可以衡量的價值，它可以是無形的智慧、它可以是無價的資產、它可以是能夠化解一切惡果的源泉，它是一種至高的境界，然而，唯有懂得自律的人，才能夠理解它的深度、及高度。

自律、自度、皆是一種思維的高度，也是一種高度的思維，如果你做到了高度思維，那麼，就會達到一種思維的高度，也可以是高度思維空間裡的度和量，當思維的高度形成一種無限地度和量，人與自然、宇宙，便是不分你我共同存在著、呼應著、渲染著、協調著、也只有在這個無限地度和量的空間裡，才會自然滋生出思維的高度、及寬度。

那麼，人生的悲痛，便不再是悲痛；那麼，人生的失去，便不再是失去；只要你能感

應到天道無私、道法無邊的存在，這世間萬物，便會沒有分離、沒有分別了、人兒去，皆是為了更好地來，而人兒來，也是為了更好地去，從而人生來去的意義，不過是僅此而已。

所以，為了能夠更好地去，也為了能夠更好地來，我們應該還可以為世界留下一點什麼，或許是點亮希望的可能性，或許是開拓思維的可能性，只要你認為可以是正確的事情，且是不傷害他人的事情，那便可以試著用心去努力、試著用心去創作、試著用心去付出，只要這種付出是一種無我心、隨緣心、平常心，這便會是一番良好的度我，從而人生，唯有學會自度，才有足夠的能量，去抵擋宇宙自然界中各種萬惡地不良因子、及不良輻射。

這種不良因子，來自一種自然界的輻射，這種輻射，可以是一種靜態的物資，也可以是一種動態的物資，且是一種對人體有所侵害地不良因子，這種來自自然界的輻射可以慢慢地改變人體精神免疫系統，及改變人的細胞組織，以至於精神失去平衡的狀態。

宇宙中的靜態輻射，是指來自於自然界放射性礦物質，及各種化學物品，宇宙中的動態輻射，則是指人體內在磁場干擾，及自然界的輻射干擾，及人體輻射干擾，它們無時無刻都在放射一種自然而有害的輻射，這些來自自然界的輻射干擾，及精神上的干擾，它們無時無刻都在工作，也可以是良性的，也可以是惡性的，這將取決於自然界的載體是良性的、還是惡性的。

當你長期接觸一些良性輻射因子時，精神上就會產生愉快、及安全感，從而使得人的

精神上得到相對滿足感,因此,人體免疫系統,也就會得到相對平衡、且健康、從而便有了一個結論,當人的精神上得到滿足之後,人體免疫組織系統就會得到相對健康、相對和諧。

那麼,相反的一面,當我們長期接觸一些惡性輻射因子時,精神上就會產生不愉快、及抵抗性,從而使得精神上產生一種相對抗體,因此,人體精神免疫系統,也就會相對感到不平衡、不健康、從而便又有了一個答案,當人的精神上長期得不到滿足時,人體精神免疫系統就會相對性沒有抵抗力、及協調力,那麼,惡性因果也會悄然地發生。

因此,長久以往,人的免疫細胞組織就會悄悄地發生變化,這些細微變化,使得人體將會不斷產生一種抗體,而這種抗體的存在,便是為了尋求一種自我保護意識而存在。

而這種自我保護意識抗體,則是屬於人的精神免疫系統組織結構的一種,比如當我們的精神上受到刺激,或者是當我們的身體上受到攻擊的時候,這種人體免疫抗體,就會自然而然地產生,從而使得人的精神、及身體上得到相對安全感、或者是相對平衡感。

不難得知,人體本身就有一種自我保護機制天生存在著,並且這個自我保護機制,是一種良性細胞組織,用醫學上的術語,叫作淋巴免疫系統組織,而淋巴免疫系統,則是一個對人體內各種疾病,都能夠起到平衡、及治癒的組織系統,它是一種人體自然免疫抗體,

生命的出口 | 32

它可以是良性的存在，也可以是惡性的存在，也就是說，當我們在精神上使用抗體得當，抗體便會是良性的存在，而當我們在精神上使用抗體不當時，抗體便會是惡性的存在。

於是，便有了一個答案，任何有屬性的東西，只要應用得當，都將會對人有所幫助，而相反，如若是使用不當，便將會對人有所害處，這也便是物極必反的原理了，而這種物極必反的原理，可分為精神上的物極必反，或者是物質上的物極必反，用更切實地說，則是分為虛擬上的物極必反、及實質上的物極必反，然而，物極必反，則是一種自然現象。

這種來自大自然的虛與實，可以是一種通過人體所產生的精神，而人類正是在這種宇宙自然界的虛與實之中，才得以長久求得較為平衡地生息，求得短暫地生存條件，易言之，只要我們活著，皆需要這種由虛與實之間轉換條件下，而所產生的精神與物質上的相對平衡感，如此，才能夠達到相對好的健康身體、及健康精神。

我們活著需要物質上的相對條件，也需要精神上的相對平衡，當物質上的條件與精神上的平衡無法達到相對協調作用的時候，人的靈魂，便會產生一種空洞和貧窮感，還會產生無助和恐懼感，那麼，相反而言，當物質上的條件與精神上的平衡達到絕對協調作用的時候，人的靈魂，便會產生一種充實感、幸福感、安全感、以及滿足感。

於是，相對平衡，可以定義為相對健康，如同兩端對應天秤的中心點，在左、中、右、

33 ｜ 第一章　瞬息萬變　處世不驚

三點之間組成一種平衡狀態，則是最佳健康狀態，如若偏向左過多，或者是偏向右過多，則會產生一個水平線差異，這個差異也正是人性正反兩極化地因與果，而人性，正是因為這個度量之差的存在，從而在精神上，將會產生正反兩極化地因與果。

那麼，以天秤為準的左、中、右、這三點，我們可以假設定義為一個免疫系統組織，左為好細胞、中為平衡抗體、右為壞細胞、這個比喻更容易被人理解。

我們可以做一個比較，當人體內的好細胞大於壞細胞的時候，人的精神會表現出一種快樂的情緒，這個時候的中心平衡抗體，因為快樂，將會表現出失去自我保護免疫抗體，再則，當人體內的壞細胞大於好細胞的時候，人的精神，將會表現出一種憤恨，這個時候的中心平衡抗體，將會表現出一種高度自我保護免疫抗體。

然而，這兩種極端地表現，在這二者之間的度量與用，皆不利於中心平衡抗體的協調作用，我們再做一個假設，比如一個嬰兒，每天都在知足的環境中生活，且被大人們保護著，那麼，這個嬰兒必將會失去自我保護意識，從而便會有遭遇不明外來因素侵犯地危險性，所以，過度地安逸、及懶惰，必將會給人類帶來不可控、及災難發生地可能性。

我們再做一個對比，比如一個成人，每天都在貪婪狂妄地環境中生活，且被人類攻擊著，那麼，這個成人必將會產生一種極度自我保護意識，從而就會有人體不明內在抗體侵

犯地危險性，所以，過度地貪婪、狂妄，也必將會給人體帶來不明疾病發生地可能性。

那麼，在這個時候，人體天秤中心點，也可以比喻成人體裡的免疫抗體，當左邊的好細胞過多時，免疫抗體需要協調才得以平衡細胞健康，而當右邊的壞細胞過多時，免疫抗體也需要協調才得以平衡細胞健康，可以想像，無論是好細胞偏高，亦或是壞細胞偏高，都將使得平衡中心免疫抗體產生變化，才得以達成平衡左右好壞細胞保持最佳狀態。

但是，如果天秤中心免疫抗體過度工作、過度操勞、過度敏感、過度頻繁使用，那麼，天秤中心免疫抗體，還會不會保持原來的健康呢？答案是否定的，就好比你拿著菜刀在磨刀石上來回摩擦，最終將會是三者之間演變形成一種虧損的結局，不但磨刀石會損壞原本的厚度，還有來回被摩擦的菜刀也會磨損，這只是需要一點時間來顯示結果。

那麼，不難得知，好細胞與壞細胞的存在，應該時常保持一種相對平衡、相對寧靜、相對祥和的狀態，如此天秤中心免疫抗體，才會達到較為平衡的環境，這個時候，人體的免疫系統就會表現相對和諧、相對健康狀態、所以，時常保持一種心情的寧靜、時常接觸一些和諧的人、時常呼吸清新空氣，避免精神上產生物極必反，也就是避免了各種精神疾病發生地，從而便有了一個答案，這些，皆有益於個人的身心完整健康，難道不是嗎？

35 ｜ 第一章　瞬息萬變 處世不驚

可能性、因此，避免物質上產生物極必反，也就是避免了各種自然災害發生地可能性。

不難得知，一切疾病的產生，皆是因為人的內在精神上首先出了問題，從而再導致身體細胞也跟著出現各種問題，那麼，只要我們不斷賜予精神上無限美好，便是賜予了身體健康上的無限美好，二者相互依賴、相互牽扯、且相互完善，身體才會保持健康狀態。

三、為什麼要維護思維健康？

人類，皆離不開婚姻的枷鎖，婚姻可以是一種幸運，婚姻也可以是一種災難，因為，一方的情緒好壞將會直接影響另一半的情緒，而一方的思維高低，也將會直接影響另一半的思維，一對觀念完全不相同的夫妻自然也會經常性吵架，然而，這個演變過程將會是人體基因轉變地一個孵化過程，將會產生良性基因突變、亦或是惡性基因突變。

可以試想，如果一個正常的人在思維上經常受到利益與情感操控所左右，那麼，他將不可能擁有健康的思維，因為，只談利益的人，也必將會是一個沒有情感的人，然而，人非草木，豈能無情呢？那麼，當思維終日徘徊在利益與情感糾結之間時，久而久之在精神上，也必將會產生一種異常現象。

生命的出口 | 36

也可以這麼說，當人的理智無法控制情感的時候，在其人的精神上就會產生一種不明壓力感，相反，當人的情感無法保持理智的時候，在其人的精神上同樣也會產生一種不明壓力感，但若是當人長期被內在理智、及內在情感進行一種精神折磨的時候，久而久之，這個人便會出現一種精神上的分裂症狀，也就類似於輕度精神病患者的一種。

一個精神分裂症患者在日常生活中，則會出現瘋瘋癲癲地表現，其人在情緒上，也將會表現地不穩定，比如易怒、易喜、易燥、然而，以上等等現象，皆不利於人在思維上的健康，也就是不利於人在精神上的健康，易言之，一個在思維上長期極度矛盾化的人，其內在精神思維環境，便會是一種不健康的環境，因為這種不健康的思維環境，從而導致人的精神免疫系統，將會受到不明抗體干擾，也就導致了這個人表現出不健康的精神狀態。

人的思維，將主導人的精神，那麼，正向而陽光的思維，其產生地結果顯示，必然是健康而和諧的精神，相反，暗黑而貪婪的思維，其產生地結果顯示，必然是惡性而變態的精神，所以，人的思維健康決定了人的精神是否健康，而人的精神健康，又決定了人的身體是否健康，在這三者之間則需要有一個平衡的度和量，才能長久保持三者之間的平衡、以及和諧，才能夠長久維持人的良好精神狀態、以及維持人的良好身體狀態。

然而，這個與思維相關的度和量，可以是一個人思維的高度，還可以是一個人胸懷的

寬度，更是一個人認知的程度，失去以上三個度的人，將會是一個對待他人極度刻薄的人，從而一個極度刻薄的人，其人所思考的問題，必定只會思考其人自我本身的利益問題，從而這類人在精神修養上，將不會得到健康與平衡的狀態，而這類人，也將會表現出惡性、有毒性人體精神電磁場，這種惡性有毒性精神電磁場，也便是人體活體放射性毒性。

實驗證明，人在生氣憤怒的時候，所產生的毒性可以殺死一只白老鼠，由此可見，當人在生氣憤怒的時候，人身上所產生的毒性，也可以輻射到身邊另一個人體身上，而人體本身就是一個導電體，人體自帶微量電導磁場，這種微量電導磁場可以與自然界的其它導體產生電流互動，這種自然電流，便是人體放射性電流、及人體精神電磁場。

其次，更重要的是人體內有良性的電流，也有惡性的電流，當你長期思考善的時候，便會產生一種良性電流，當你長期思考惡的時候，便會產生一種惡性電流，這種電流將會放射在環境周圍空間裡的動物身上，亦或者是人類身上，從而接受到這種微量電流的小動物，亦或者是人類，將會被這種電流慢慢地干擾其精神、侵略其精神、以至於精神瘋狂。

人體放射性毒性跟人的情緒有關，人的情緒受精神所左右，所以，經常易怒、易喜、易燥、及情緒不穩之人，其在思維上必定不會健康，而思維上不健康的主要因素來自於個人內在修為素養的缺乏，而內在修為素養的缺乏，皆來自於

自私心、貪婪心、狂妄心、攀比心、內在修為素養的缺乏，還來自於其在認知上地種種缺陷。

那麼，通過學習、閱讀、試著不斷提升認知水平、試著去除自私心、貪婪心、狂妄心、攀比心之後，這個人的內在修為素養就會有相對性提升、及改善，從而經過提升之後的內在精神磁場，就會是一種良性的放射性電磁場，當我們靠近良性的電磁場，就會被感染良性的電磁場，從而人體裡的細胞組織，及免疫系統就會是相對平衡、相對健康的存在。

所以，靠近陽光的人，向著陽光而行走，美好將會與你不期而遇，因為，你我不是收穫了健康的思維，便是收穫了健康的身體，這些美好、及收穫，皆來自於良性思維、良性磁場、及良性的人。

良性精神電磁場，要相信，一切美好的累積，

為什麼說良性電磁場比較接近陽光呢？答案是良性磁場更接近人的天然屬性，因為人性是有基礎情感的小動物，人不是石頭做的人，所以，人的良性電磁場，也可以比喻為人體內的好細胞，然而，人的惡性電磁場，則可以比喻為人體內的壞細胞，所以，好細胞存在的比率，一定要相對大與壞細胞的存在比率，才會是相對平衡，且健康的人體。

那麼，如何分辨人的良性磁場、及惡性磁場呢，不如換一種說法解釋，比如當人們把「人」的價值，放在第一位思考時，則會是一種良性的思維電磁場，因為地球上首先有了

39 ｜ 第一章　瞬息萬變　處世不驚

人,而後才會產生愛和情感,當人類擁有了愛和情感,才有了未來美好生命的延續。

那麼,當人們把「利」的價值放在第一位時,便將會是一種惡性的思維,因為人的大腦思維裡只有「利」字的人,這個人將會失去自然人性的愛和情感,然而,當人類失去自然人性的愛和情感之後,便會失去陽光的自然生命屬性,便將會形成一個惡性的思維電磁場。

既然生而為人,在「人」與「利」字的面前,如果首先選擇利字,便是惡性精神磁場,而惡性精神磁場,自然是一種偏離人性陽光天然屬性的磁場,因此,這種惡性電磁場,對人體則會產生精神上的侵害、及干擾,要知道,所有的利益、及需求,皆只是為了生活基礎,要知道,這世上,只有人的愛與情感,才是唯一可以延續生命、且生存長久的良性因子。

然而,這個「利」字,則分為有價的「利益」、及無價的「利益」,於是,這便有了一個答案,有價的「利益」,皆是偏向惡性的因子,而無價的「利益」,才是偏向良性的因子。

那麼,很明顯,人與人之間可以是有價的關係,也可以是無價的關係,區別在於,上層人追求地是一種無價的人際關係,而中層人追求地則是一種有價的人際關係,於是在利

生命的出口 | 40

益面前，中層人交往是為了有價的利益關係，而上層人交往則是為了無價的利益關係。

然而，這人間最美麗的東西，不過是一種無價和有價的關係，這與親情和血緣，皆沒有任何關係，而人與人之間的傷害，也皆是因為無價和有價，才形成了度和量的差距，這個差距又好比人體裡的免疫抗體，這個無價和有價，又好比人體裡的好細胞和壞細胞，當二者之間形成一種不平衡、及傷害的時候，這個免疫抗體的差距就會出現才得以平衡雙方的利益，從而人體裡的免疫抗體，將會犧牲自己、且轉換身份來平衡好細胞與壞細胞。

但是，如果免疫抗體經常性犧牲自己來平衡好細胞和壞細胞的時候，就會產生一種過度負荷作用，而這種過度地負荷作用，則會產生物極必反效應，將會使得免疫抗體形成一種細胞病變，從而這種病變之後的細胞，將會無法正常工作，以至於無法平衡人體的健康，於是，這個有價和無價之間的差距便產生了病變，且轉換成為人體細胞裡的一種癌細胞。

簡言之，這個「有價和無價之間的平衡點」就是人體內的「免疫抗體」，當這個（平衡點）免疫抗體使用過於頻繁的時候，患者在精神、及身體上，就會產生一種癌的病變，易言之，當人體裡的好東西，轉變成一種壞東西的時候，就會是一種物極必反、癌病變地過程。

又好比我們每一個人從一出生的環境，就會擁有很多的福分，而這種福分的存在，本

身對每一個人都是有益處的東西，如果你懂得珍惜這個福分，福分就會長久有益於你度過美好人生，反之如果你不懂得珍惜這個福分，那麼，福分就會轉換成另一個身份變成一種惡性福分，且會攻擊你的福分，當原來的福分被消耗盡了，隨之而來的，便是一場惡性因果。

再比如這個福分是一個好人，如果你不去珍惜她的好，你反而不斷去扭曲她的好，久而久之，她的好就會由好人變成一種壞人，在你的長期傷害之下，便會形成一種物極必反的效果，從而孵化後的好人便會對你產生防備、排斥、亦或攻擊，甚至是會有更嚴重的仇恨。

當一種好的免疫抗體變成一種癌病變之後，當「有價和無價之間的差距」變成一種無法平衡之後，當一個好人演變成一個壞人之後，其後果將會是無法挽回的局面，換言之，當人體內好的環境變成壞的環境之後，想要時空倒轉的可能性幾乎等於是零，那麼，這種好的免疫抗體就會變成癌細胞，當人失去好的免疫抗體細胞，於是人體對於這個環境中的不良輻射、不良細菌、及惡性毒性就會失去抵抗能力，失去抵抗能力之後將會感染各種疾病。

四、如何才能維護身體健康？

人的慾望影響人的思維、人的思維影響人的精神，而思維和精神將會影響人的電波磁場，人的電波磁場，又將會影響體內細胞變化，這種細胞變化，所帶來地刺激，從而形成了人體細胞開始變異，這種由精神起伏不定，所帶給人體細胞的變異，可以分為好的細胞、及壞的細胞，就如同人體裡的細菌一樣，一種是好的細菌，一種是壞的細菌，只有在二者達到相對平衡的狀態下，人體才會相對健康。

同樣的原理，人體裡的細胞在經受外來惡性放射性毒性侵略時，便會自然產生一種精神免疫抗體，而這種精神免疫抗體在醫學上就叫作漿細胞，醫學公開顯示，人體是由數十億萬細胞緊密配合著工作的細胞（cells）組成，所謂細胞，是人體內最細小的生命單位，經研究顯示，當生物體生長時，並不是因為生物體內的細胞變大，生物體生長則是因為越來越多的細胞透過細胞分裂而產生在人體中，據研究顯示，人體細胞每天分裂近兩億次，那麼，不難得知，人體細胞分裂，也是一種精神上的分裂、然而，細胞不斷在增加，因為人的大腦不停在思考不同的問題，所以分裂的次數，將會是難以估量的次數。

我們還可以做一個假設，如果有人每天攻擊一位患者，以及攻擊這位患者的家人，患者長期在精神上產生一種緊張情緒，從而患者就會自然而然地產生一種自我保護意識機

制，而這種自我保護意識機制，就是由人體淋巴系統分泌出來地一種免疫抗體細胞，而這種淋巴抗體細胞就叫作漿細胞，這個漿細胞，能夠殺死、或平衡不好的細菌，能使人體內的好細胞、及壞細胞達到一種平衡健康狀態，從而使人在精神上得到一種相對健康、及和諧。

又如果，這位患者長期在精神上頻繁緊張、從而體內經常產生一種異常抗體的時候，這位患者在淋巴免疫系統裡的細胞，所分泌出來地抗體漿細胞，這時候就會病變成一種對人體有害的癌細胞，而當人體癌細胞指數達到偏高時，則是屬於一種對人體有害的壞細胞。

又比如這位患者每天都被人攻擊，每天精神緊張過日子，那麼，這位患者在其精神上的緊張程度將會產生一種精神分裂，從而導致漿細胞抗體漿細胞越來越多，當患者越來越頻繁使用其平衡，久而久之過度地分泌淋巴免疫系統抗體漿細胞，那麼，當抗體細胞形成物極必反的時候，這時候漿細胞、好細胞，就會變成一種無用、且有害的癌細胞。

也就是說，當這位患者常常受到攻擊和傷害的時候，他的身體裡就會自然而然地形成一種抵抗外來惡性電磁場輻射的抗體，這種免疫抗體漿細胞、也稱之為（平衡細胞）在使用頻繁、過度之後，便將會形成一種物極必反地效果，當淋巴免疫系統中的抗體漿細胞（平衡細胞）達到一種使用極限之後，這個平衡細胞、漿細胞，則會轉變成一種人體癌細胞，

生命的出口 | 44

而這個變異細胞、癌細胞，便會停留在人體骨髓裡，且分布於人體骨髓四處進行鈣化。

然而，人的骨髓有造血的功能，因此，當不明癌細胞分佈於骨髓四處鈣化之後，則會使得人體骨髓失去造血功能，所以，多發性惡性骨髓瘤在醫學上，也是屬於血癌範疇的一種，常見一般患者檢驗報告結果顯示，其白血球指數顯示，皆會較為偏高。

那麼，用佛教的說法來說，長期性精神緊張、長期性精神攻擊、傷害、而導致精神極度分裂的患者，皆類似一種無形的邪魔上身，由於患者長期被精神攻擊、傷害、長期緊張，從而所產生一種神經系統自我保護意識，於是便產生了淋巴免疫系統漿細胞病變、也便是癌細胞的形成。

當患者的自我保護意識機制、及淋巴免疫系統中的抗體漿細胞，使用過於頻繁之後，久而久之才會讓體內的好細胞變成了一種癌細胞，這就是醫學上所說得當漿細胞變成癌細胞之後，所產生的一種癌細胞病變，目前在醫學上把這種疾病稱之為多發性惡性骨髓瘤。

我們再做一個假設，當這位患者如果長期在平靜、輕鬆、且和諧的生活環境下學習、工作、思考、那麼，這位患者還會不會產生精神上的不明抗體呢？答案是不會產生人體淋巴免疫系統抗體漿細胞使用過於頻繁的問題了，也就是當人的精神、自然也就不會產生人體淋巴免疫系統抗體漿細胞使用過於頻繁的問題了，也就是當人的精神、及淋巴免疫系統達到一種相對平衡狀態的時候，人的淋巴免疫

45 ｜ 第一章　瞬息萬變　處世不驚

系統抗體細胞就會平靜如湖,靜靜地呆在人體內,且保持一種寧靜而健康的狀態。

又如果,我們沒有接觸外來惡性放射性電磁場的干擾,及惡性精神上的攻擊、及傷害時,那麼,也就沒有惡性放射性電磁場、及惡性人體輻射干擾了,更不會導致人體免疫抗體漿細胞使用過多、及頻繁地可能性了,於是,便不會產生漿細胞變成癌細胞的可能性了。

由於人類歷史一直在演變,經研究顯示,精神病患者得到癌症的機率是平常人的2倍,進而總結以上所有邏輯,當人的精神上長期受到攻擊、或者是長期精神緊張、及情緒暴躁的人,就會產生精神上的不健康問題,當人的精神上長期得不到平衡、得不到寧靜、得不到滿足的時候,這個人就會產生精神分裂症,而精神分裂症患者體內的細胞組織就會產生一種不明細胞抗體,而這種不明細胞抗體在頻繁使用的情況下就會形成癌細胞的發生。

而後,當淋巴免疫系統分泌出來的抗體(漿細胞)變成癌細胞之後,人體就會失去免疫系統基礎免疫保護功能,從而人體血液,也會隨之失去平衡功能,也就是說這個人生病了。

經公開醫學上的研究顯示,多發性惡性骨髓瘤患者在確診之前將會產生如下一些症狀:

C…高血鈣

H：ypercalcemia 便秘、疲倦、意識改變。

R：腎衰竭 Renal insufficiency 水腫、排尿困難。

A：貧血 Anemia 疲累、無法專注。

B：骨頭疼痛 Bone lesions 骨折、骨頭痛、痠痛。

以上症狀的頻繁產生，便是目前醫學上所證實的多發性惡性骨髓瘤症狀，也可以是佛教所說得邪魔上身，除了化療、藥物、及自體移植可以延長壽命之外，大多數患者在癌細胞控制下來之後便會考慮更換血液幹細胞，才會有更好地治療、及生活自理地可能性。

以長期被精神攻擊地角度來看，如同佛教所驗證地多發性惡性骨髓瘤病理，更接近於邪魔上身地說法，也可以是長期精神上的一種思維矛盾、思維裂變、及分裂惡化地一種精神分裂症患者，如那些易燥、易怒、性情不穩定之人、類似這類人的患病傾向機率偏高。

那麼，無論是從科學的角度來思考多發性惡性骨髓瘤病因，還是從佛教的精神思維角度來思考多發性惡性骨髓瘤病因，以上皆是有所依據和道理存在的，然而，目前並沒有相關確實依據，可以證明其病理發生地確實原因，所以，以上兩種推論地可能性極高。

人類所成長地環境極為重要，社會工作環境、婚姻家庭環境，然而，最為緊密相關的，則是以上兩種環境，首先是當人體長期暴露於放射性輻射、及化學物品，從而產生病變的

可能性極高，其次就是當人的精神長期遭受惡性磁場輻射和攻擊，其患病地可能性也會相當之高，然而，自然界也有許多礦物質，也會有所輻射，而這種輻射也將會致命。

經查證，及公開資料顯示，燃煤發電對人體所造成的輻射傷害，遠超過核能發電對人體所造成的輻射傷害10倍以上，這是一個驚人的數字，燃煤、或天然氣、都有相當成分的放射性鐳(Ra-226)、釷(Th-232)、鉀(K-40)，甚至有微量的鈾(U-238)它們原本就很安靜地存在於地底下，卻因為人類開採而重現地面，因燃燒，從而濃縮成多種對人體有害的毒性。

燃煤會對人體健康造成嚴重的影響，根據世界衛生組織（WHO）在2008年發佈的報告，煤炭懸浮微粒污染，每年在全球導致約10,000人的過早死亡，一項在2004年由環保組織委託進行的研究（但受到美國國家環境保護局（EPA）的質疑），最後，得出的結論是美國每年因燃煤而致死的人數有24,000人。

公開資料顯示，最近有項學術研究估計，與煤炭相關的空氣污染，所導致的過早死亡人數約為52,000人，燃燒煤炭發電，所產生的毒性與燃燒由水力壓裂而來的天然氣所生產的電力相比，要高出10-100倍，主要的原因是燃煤過程中會排放大量的顆粒物質。

如果把燃煤發電與太陽能光電進行比較，如果美國能以太陽能光電取代燃煤發電，每

生命的出口 | 48

年則可降低 52,000 人因受污染影響而導致地死亡數量。

有項研究發現，由於美國的煤炭開採相關工作機會減少，因而煤炭污染死亡的人數與仍在這個產業工作的人數相當，也就是說相關統計資料有確實證明，自然界的煤炭輻射對人體確實是有害地一種天然物資，而煤炭，屬於一種自然放射性毒性。

我們姑且先不管是來自於人體精神磁場惡性輻射，還是來自於大自然煤炭毒性輻射，這些資料顯示都將會成為一種科學上的病理依據，比如我家兄長現已經確診多發性惡性骨髓腫瘤，他近 10 年期間接觸到了煤炭燒烤，由於以上因素，也不排除兄長是因為長期暴露於放射性有害毒性，從而中毒所產生癌細胞病變，以導致他過早患上這種嚴重疾病。

其次，兄長近 30 年長期接觸到的人體精神放射性毒性電磁場干擾，其患病地可能性也非常之高，假設一對夫妻長期吵架，長期左右其思維模式，長期攻擊其自尊心、於是他在精神上便會產生一種極度矛盾化、極度緊張、極度自我保護意識狀態，比如易怒、易燥、情緒不穩定等等現象，皆可以歸納為他可能是被長期精神干擾，從而導致這種嚴重疾病。

總而言之，這種疾病與惡性磁場、及輻射密切相關，那麼，盡可能避開這些自然界的惡性電磁場輻射，無論是大自然的毒性輻射，還是人體精神毒性輻射，都將會是導致多發性惡性骨髓腫瘤的起因，推理一，長期對其進行精神刺激，導致人體細胞產生基因變化，

推理二，長期對其身體免疫系統刺激，導致人體細胞產生基因變化，這些結論皆是必然的。

簡言之，當人體長期接觸不良惡性因子、惡性輻射，人體精神免疫系統、及淋巴免疫系統就會產生反抗毒性輻射地抗體，長久以往，也就會產生人體抗體細胞病變，當細胞病變之後，使得人體內就會失去健康免疫系統抗體地平衡保護，從而才導致了嚴重疾病發生。

那麼，寧靜而有品質的生活，才是我們最終所需要地生活品質，去靠近良好磁場的人、事、物，皆會有益於身心健康，試著在萬變地環境中保持一份寧靜地心情，學會鬧中取靜，因為，我們在時代趨勢中不得不隨流而行，所以，為我們的靈魂尋一處安靜地佛堂，時時為環境的健康、靈魂的健康而加持、加分，這也便是一種善待自己的正確方式。

時常在思考，這世界之大，無常得失又與你我何干？人生來去皆空無，你看看這時代正在悄悄地改變一種人，而這個時空，也正在悄悄地隔離幾種人，就算你我不爭不搶，也會被捲入這一場早已被人設計好的因果故事裡，就算你我想躲也無法躲開，難道不是嗎？

所以，人類可憐到哪怕是追求基礎生活都會引起疾病，又更何況是人的貪、慎、癡更能引起疾病呢？然而，天道並沒有苛刻人類什麼，天道從來都只有春夏秋冬，且公平公正輪迴循環，所以，天道是無私而奉獻的，只是人類需要地東西太多、從而所產生了疾病。

生命的出口 | 50

第二章 無須造作 天自安排

一、天道無私，萬般皆因果。

人類從最簡單的需求，衣、食、住、行、從而演變成如今的多樣化需求，於是，這個世界與環境都改變了，它從不會向任何人預告，它將變化地有多麼快速，你可知道嗎，當你還在睡覺的時候，有人便已經開發了新的產品，所以，即便我們不想接受這種速度，也要接受這個事實，這便是現實地殘酷，現實總會讓你目不暇接、措手不及。

社會發展，皆是由人類需求自然而然所產生的一種規律、及進化方式，那麼，又何必怨天尤人呢？認清時代進化，只是一種自然規律，所以，大可不必茫然，想要好好活下去，只有前進地可能，沒有回頭地可能，因為歷史的存在，皆是為了進化而存在，所以，不念過往，不懼未來，珍惜當下所擁有的一切，隨著時代變化而努力去學習、去思考。

既然不設防被捲入這一場自然因果故事，那麼，就要學會在他人、及自己的過失之中警惕人性的善變，我們可以試問，疾病是如何產生的？痛苦又是如何產生的？而災難又是如何產生的？然而，這些皆不是宇宙所需要的東西，宇宙從來就沒有要求人們為它做什麼

事情，難道不是嗎？所以，一切的疾病、痛苦、災難、皆是人類自身造作而來的。

既然痛苦，皆是人類自己造作而來的，何不坦然接受這個殘酷的真相，那麼，不如在現有生存空間盡其可能地去避免痛苦發生、以及惡果發生，試著去發現，或許在人的思維裡一定還藏著什麼秘密，這個秘密將會給你想要的答案，相信一切痛苦都將會一一被解除。

靜而發現，思維與靈魂之間藏著一顆心，這一顆心可以是黑的，也可以白的，還可以是灰的，甚至是種種顏色都有可能呈現，那麼，這一顆心到底能夠給我們的人生帶來多少快樂、及痛苦呢？人生之路，皆是為了歷練和成長，當心累壞了，心就會疲憊、當心懂得了，心就會很平靜、那麼，我們可以試著從內心深處地變化節奏來尋找想要的答案。

心，是一種能夠感知一切痛苦與快樂的容器，它會把接受到的事物感知，再傳回給大腦思維系統，再由大腦思維系統剖析所有感知，得以分辨該事物能否被接受，那麼，所有的痛苦與快樂，又將會被思維系統過慮之後再送回中心，於是，心便成為了一個承載痛苦與快樂的容器，於是，在評價人的時候，便有了心胸寬廣、心胸狹窄、這些詞語來形容。

不難得知，心胸寬廣的人在接受事物好壞地同時，它的容量相對就大一點，而心胸狹窄的人，在接受事物好壞地同時，它的容量就會相對小一點，那麼，我們便有了一個答案，既然人們知道心胸寬廣的好處，便會成為一個擁有快樂多一點的人，既然人們知道心胸寬廣的好處，便會成為一個心胸寬廣的

處，那麼，人們為何又遲遲做不到這一點呢？因為，人們不想遵循本心的規律而行，人們只會遵循慾望的牽制而行，於是，純潔的一顆心，就會變成一顆充滿慾望的心。

然而一顆充滿慾望的心，又將會給未來帶來什麼樣的災難呢？答案自然是給自己的心施加過多不必要地痛苦，因為人們不遵循良心的規律而行，這顆心就開始變得負荷了，一顆心如果累壞了，就無法正常工作，人心累壞了就無法平衡思維、及平衡靈魂健康，於是，人們因為內心過多地慾望，從而丟失了原來的自我本心，以至於將會成為一個病人。

當人的思維與心智在長久達不到平衡狀態的時候，便會是一個沒有能力的人，既然還是一個沒有能力的人，就無法去強求自己的本心，那麼，遵循本心自然而為，也就不會違背本心的自然成長規律，所以，想要得到更多，務必、首先要修為好思維上的不足，而後才能夠補充心智上的不足，從而才會出現這顆心的健康、及完整。

那麼，人的心智是否成熟，才是這個人的能力表現，而能力表現，並不代表這個人充滿智慧，智慧是一個進階的詞語，智慧的形成，是由成熟的心智與進階的思維共同所產生，智慧又是建立在精神靈魂之上地領悟，然而，精神靈魂之上地領悟，皆是一種空無、無我、是的，人類需要擁有真正的智慧，才能夠解脫人生的苦海，才能夠化解萬般苦難。

要知道，成長皆不可急速而成，一切宇宙道法，皆會有所章法，人人皆要尊重這個宇

生命的出口 | 54

宙章法而成長，這個宇宙章法，才會成就完整的你，如果人類不尊重這個宇宙章法而生長，這個宇宙章法則會懲罰人類、且會毀滅人類，所以，人類莫要把幸運、改寫成了災難。

所以，成長無須造作、順應天意安排、才不會引起，不必要地疾病與痛苦，要知道失去與失敗，並不是多麼可怕的事情，只要懂得把失去轉換成為一種得到，便是一種智慧的超然，你若是能夠看到平常人所看不到的真理，這才叫做真正的智慧，你唯有看到平常人所看不到的東西，才是屬於靈魂上真正的開明，才是屬於心智上真正地開悟。

從而一個已經開悟的人，自然也就會少了許多疾病的可能性，這也正是說明了明心見性的好處、及寓意，當人苦了心智、見了本性、才有真正的高階思維模式，精神靈魂才是建立在物資之上地享受，從而心態也就自然而然端正了，從而才會擁有真正的自在之心。

蓮花出污泥而不染，靈魂見本心而自在，做到了這一點，痛苦和疾病就無法侵入你的人生這一次的旅程，你若看不透，苦海則無邊，你若看得透，苦海則無病；難道不是嗎？我們從一出生便不斷在與病魔、痛苦做鬥爭，而這個鬥爭將會是一輩子的苦海旅程，康的精神免疫系統，那麼，這個人還會不會為了凡俗之事而痛苦呢？答案自然是否定的。

精神和身體，我們可以試想，有一種明心見性的思維、有一顆無懈可擊的心智、有一個健那麼，如何才能把人生苦海更改成為善的因果呢？如何才能把人生更改成為美好旅程呢？

55 ｜ 第二章　無須造作 天自安排

生命彷彿在冥冥之中注定了什麼，又彷彿在冥冥之中可以更改一些什麼，那麼，試著讓心靜下來，感受靜靜地湖畔邊、感受靜靜地叢林中、感受靜靜地高山上、感受靜靜地佛堂中、去思考此生修行，皆是為了什麼？誰何曾帶來了些什麼？誰又可能帶走了些什麼？

答案皆是否定的，誰也不曾帶來些什麼，誰也不會帶走什麼，人類能夠帶來地只有歡喜、痛苦，能夠帶走地也只有歡喜和痛苦，人類到來皆為帶來歡喜和痛苦、人類離開皆是為了結束歡喜和痛苦，那麼，歡喜和痛苦又是什麼呢？歡喜和痛苦，皆是虛無的感知，看不見它的存在，它是虛無的空幻，因而生命來去，皆是為了這虛無的空幻而歡喜、而痛苦。

得到再多也只是歡喜一片兒刻、失去再多也只是痛苦一片兒刻，而得到與失去，也只是為了演繹人生的過程而已，在這個過程之中，人們被歡喜心與痛苦心而左右著，然而，這二者之間有著極端地過程，且皆不會持久，因為沒有人永遠歡喜，也沒有人永遠痛苦。

那麼，便有了一個答案，既然沒有永遠地歡喜，也沒有永遠地痛苦，人們又何必終日自尋煩惱呢？知道嗎，在這個歡喜與痛苦之間存在著一個橋樑，這個橋樑便是平等心，有了平等心，看世間萬物，便會有了一個度和量，而這個度和量，也正是指人們的肚量了。

所以，時常要有一顆平等心，才會擁有真正地寧靜和和諧，才會擁有健康的精神思維系統，從而才會擁有健康的精神免疫系統，於是世間得失皆是一種得到、世間苦樂皆是一

種歡喜、只要有一個平等觀自在心，病魔又與你我何干呢？生命僅此微小、僅此短暫，生命自然而生、自然而死、我們在萬變地無常之中尋得一絲。

安穩、且是暫時地安穩，這是一個不定性地安穩，因為，思維環境一直在變化之中，而時代從來就不會預先告知任何人，它會變化地如此之快，它是如此虛無而又真實存在著。

人類在這個時代變化之中體驗著歡喜與痛苦，所以，我們要在這個時代變化之中學會平衡歡喜與痛苦，才不會被這個時代所左右平靜的心情，然而，時代不是每一個人都能追得上的，想要走在時代的前峰，必定要付出相對的代價，因，這天下沒有免費的午餐。

有這樣一個古老的故事一直流傳在人間，某朝代有個皇帝沒時間看完一部史書，便請史官把12冊史書想法子簡略改寫其中的含義，於是史官便遵旨將12本史書改寫成了4本，皇帝看到這4本改寫並不滿意，於是皇帝又命史官再去改寫，於是史官把4本史書拿去寫成了1本，皇帝看到這1本改寫又不是很滿意，於是再命史官拿去改寫，史官便把1本寫成了10頁，沒想到皇帝看到10頁還是不滿意，再命史官前去改寫，沒想到皇帝看到1頁還是不滿意，最後史官將10頁改寫成了1頁，皇帝心想應該滿意了吧，沒想到皇帝看到1頁還是不滿意，再命史官前去改寫，最後史官將這1頁改寫成了一句話：天下沒有白吃的午餐！這次皇帝終於滿意了。

幾千年歷史，幾千年文化記載，總結之後不過只是一句話，（天下沒有免費的午餐），這句話告訴了我們無論追求任何想要的東西，都必須要付出相對的代價，從而便有了一個答案，你求得越多，失去地就會越多；你求得越少，失去地就會越少；也許會失去健康、失去平靜、失去歡笑、失去生命的意義，難道不是嗎？

所謂可憐之人必有可恨之處，而可恨之人也必有可憐之處，也是其中的道理，人們因為追求從而在不設防之間參與了人生這一場因果故事，也在不設防之間失去了人性本真的天性，從而導致生命越是成長，所求就會越多，然而，越是知足、所求就會越少。

那麼，我們能不能不要成長呢？答案是否定的，我們必須成長，也必須追求，因為這是一種自然規律，無人能夠抵抗這種由自然所產生的規律，所以，因為成長，自然而然地便產生了痛苦，那麼，不如靜下來來思考一個問題，如何才能夠避開成長中必然地痛苦呢？

答案是可以減輕成長帶來得痛苦的，如果成長是一種良性地追求，便不會產生痛苦，成長便一定會產生痛苦，於是良性地追求、及成長，才是所有人類所要得健康人生，從而惡性地追求、及惡性地成長，皆不利於人類的健康發展。

那麼，什麼才是良性地追求呢？答案自然是在知足中健康追求、「成長」；那麼，什麼才是惡性地追求呢？答案自然是在貪婪中無度追求「成長」，那麼，歡喜與痛苦之間便有了

生命的出口 | 58

一個答案,歡喜的心是建立在知足之上的,而痛苦的心,則是建立在貪婪之上的。

那麼,還可不可以不要過於知足,也不要過於痛苦呢?答案也是可以的,因為,過於知足將會帶來被害的危險,這將不利於生存條件,反之過於痛苦也會帶來疾病的產生,這也將不利於健康成長,從而只有適當放下、適當拿起,才有平衡二者之間過於偏激地可能性。

既然我們知道生命成長是一個不可逃避地必然因素,那麼,便只好在無常之中學會如何獨善其身、獨善其心、且修得一顆自在心、修得一顆平常心、修得一顆無我心、借此良好修為,豈不是更有利於身心健康平衡成長呢?答案皆是肯定、且良性地正確發展方向。

生命成長規律是一個有節奏、有速度的規律,在冥冥之中不設防早已安排了些什麼,在虛實之間又仿彿可以改變些什麼,命運可以是早已注定好的,命運也可以是自己造作而來的,命運確實有三分是天注定的,但是命運還有七分空間是可以自己選擇、及創作的。

所以,不要怨天尤人,因為,僅僅只有這七分的命運空間,便已經足夠你找到人生的方向,從而也會找到人生的真諦,唯有如此空間,才能讓生命的價值充滿更完整的意義。

二、為什麼越是刻意，結局越是令人失望？

誰都明白強摘地瓜不會甜，即便你用化學藥品催熟了果子也不會有原來的品質、及味道，這又好比婚姻、工作、朋友一樣，一切違背了靈魂意願的選擇，都將只是為了利益而選擇，人啊，但凡是處處都講求利益就會丟失了人味兒，便會越來越現實。

如果一場婚姻、一份工作、一個朋友、皆是只講求利益，那麼，他將來的人生會是怎樣的結局呢？答案自然是你我皆知的，然而，並不是每一種利益選擇都有運氣成為正確的選擇，因為，人生十有八九選擇了利益就會失去更寶貴的東西，又如若單純只是為了選擇而選擇，那麼人生的意義又將會是什麼呢？所以，在選擇婚姻、工作、朋友的時候，一定要懂得尊重自己的靈魂，唯有如此，才會有一份本心醞釀在骨子裡、讓你能夠堅持到最後。

執著並不是可怕的東西，可怕的事是這個人連執著的靈魂都沒有，我們可以試想，這漫漫人生長路，內心如若連一份執著都沒有的話，那麼，人生的方向，又將會是怎樣呢？當然，執著應該是一個正確的方向，而不是一個錯誤的方向，這是無可厚非的事情。

有人為了信仰而生，有人為了價值而活，這也算是一份正確的執著，無論你執著於任何東西，要記得，都不要把自己的執著強加於他人身上，因為，那只是在為難對方，再好的東西也只是你喜歡，而不是他人也喜歡，面對不同頻率的人，要懂得尊重他人，才會得

到他人的尊重，因為，人性的優點唯有各表，才會看見百花齊放之時，才是真正的百花盛宴。

比如婚姻，有人害怕婚姻，而有人卻嚮往婚姻，這也沒什麼好奇怪的，這是人的天性所決定，又好比事業，有人喜歡工作，而有人卻喜歡做老闆，這是再也正常不過的事情，這些皆是人的天性所決定，再好比朋友，有人樂於外交，而有人卻防備外交，這也並不是什麼對錯，這也是人的天性所決定，所以，對錯，只有相對、沒有真理。

然而，選擇利益是從他本身的天性而來，人生在世，可以說處處皆是利益，但是又不可過於講求利益，一切利益還需要些許人性化的溫度醞釀在裡面，而這種人性化的溫度就是一個社會輔助平衡器，這個平衡器能讓我們在這個冰冷的世界裡利於生存、及成長。

說來、都是一種選擇、選擇只有利弊好壞之分而已，那麼，在一切利益面前，也皆不可強求，我們可以試問，誰人能夠左右誰的選擇權？誰人又能夠左右誰的喜好？以及人生呢？要知道，一切妄想和貪婪，皆是虛無的利益在左右人心，是的，皆是虛無的利益在左右人的選擇，然而，這個選擇是良性還是惡性，皆取決於人的一種思維。

要知道，一切強求而來得利益，皆不會給人帶來長久滿足、一切勉強而做得選擇，也皆不會給人帶來長久利益，強摘地瓜不會甜，強求而來得利益，也不會有善的結果。

比如婚姻在傳統觀念裡講究門當戶對，但這並不是完全正確的做法，因為，門當戶對是為了利益之上的利益，過於把婚姻建立在價值對等之上，這也未必顯得過於利益交換了吧？因為，人性是一個天生具有感情的動物，人若是失去了感情、感性、及感知、那麼就無法稱之為人，無法稱之為血肉之軀，然而，婚姻需要感情才能夠維持長久，那麼，婚姻又怎麼能夠只談利益呢？一對只談利益、及門當戶對的夫妻，又將是什麼樣的感情呢？

答案是這對夫妻是沒有感情的，因為這一對夫妻的婚姻，只是建立在物資之上的利益交換，這並不符合家的條件，而婚姻存在的意義，皆是為了一個溫暖的家而存在，在家裡又怎能只談利益呢？一個家必須是依靠愛來維持長久的，而不是只憑利益來維持長久。

那麼，一對無愛的、有錢的夫妻所組合成的家庭，又會不會給人帶來和諧與溫度呢？答案是否定的，一個無愛的、有錢的家庭，只能給人帶來少許溫飽問題，這是肯定的答案，我們可以反問自己的內心，在這個特別的時代，你只是為了溫飽而結婚嗎？當然不是，因為我們的靈魂皆會隨著時代而進化，而進化到什麼程度，也皆是由這個大環境決定。

從而神聖的婚姻在這個特別的時代，不能只以門當戶對、以及所謂的溫飽而定，既然婚姻是一件大事，那麼就應該讓婚姻更偉大起來，因為婚姻結合皆是為了成全美麗的愛情，於是，只是愛情才能夠徹底考驗人性，佛說人間無愛那是騙人的，既然佛是為了普渡眾生

而來，佛又豈會對人間無愛呢？佛也只是變了另一種形式來愛護這人間，難道不是嗎？人類一切美好的存在因素，皆是因為人類的思維裡事先有了偉大的仁愛，然而，每一個人愛得方式都不一樣，所以，修佛之人要戒空一切，這實在難以做到，為什麼呢？因為佛憐愛世人，佛也想普渡世人啊？佛是在用什麼方式來愛世人呢？答案便是，佛是在用他自己的方式來憐愛世人啊！然而，佛又是用什麼方式來愛他自己呢？

云云眾生，所指得是有許多個人類存在著，而世間的佛，也不會只有一個佛的存在，那麼，佛會用什麼方式去愛他自己呢？然而，佛度有緣人，也指你就是你自己的佛，也就是說你自己才能度自己，因為，只有你自己才知道要如何才能好好愛你自己，那麼，便會有一個答案了，你的歡喜、亦或是痛苦、也皆是自己造作而來的，難道不是嗎？

因為，此前你並沒有理解度人、不如度己的寓意、及妙處，所以，你會把歡喜心、痛苦心、得失心、施加於他人身上，這個答案是肯定的，但凡是擁有心如明鏡、且明心見性之人，即便是遇到了不順心的事情，他們會很快走出困惑，而不是過度遷怒於人。

那麼，如何才能夠走出人生中的種種困惑呢？答案是正確處理事情，那麼，就會有人問，佛又為什麼要理會困惑呢？把困惑擱置一邊不管它不是更好嗎？這樣做當然是不好的結果，因為，佛身上是有責任、及使命的，如同我們每一個人身上的使命一樣，我們必須

63 ｜ 第二章　無須造作 天自安排

去做正確的事情，才是真正地人生修行路，這也便是人人皆可以做到的修行之路。

於是，這一路的顛簸、及考驗、只是為了做正確的事情，所以，不去強求、不去造作、不違心、不違法、在這裡的不違法，是指宇宙中的道法，而不是指法律的法，理解道法的廣大妙處，永遠超過理解法律的意義，因為宇宙道法是廣博而無邊的，而法律則是為了需要的人們而存在，相對於法律而言，唯有道法，才是思維裡的深不可測。

俗語說，天外有天，人外有人，這也正是說明了道法的無邊無界，而人類的精神思維系統正是需要這種無邊無界的想像空間、以及創意空間，這是不可否定的事情，因為我們無時無刻都在思考，無時無刻都在成長，從而人人皆在不斷思考與成長，而宇宙，必然是廣博而無邊的，如若不是，那麼，宇宙又要如何容納這麼多人類的想像創意空間呢？

宇宙道法，要如何才知道人類下一秒又要玩什麼花樣呢？所以，宇宙道法必須是無邊、且無界的虛擬空間，所以，你儘管去思考、儘管去創意，宇宙道法，它會順應人類的思維而去更新，所以，道法才是能夠容納萬事萬物的法界，人類皆在這個法界之中健康成長著。

從而宇宙道法它是偉大的、兼容的、無邊的、虛空的、靈界的、且是無法想像的空間，既然宇宙道法如此神秘，那麼人類又是多麼渺小？是的，人類在宇宙道法面前確實顯得渺小，但是人類有一顆偉大的心，人類還有無盡的思維可以連接宇宙道法，這便使得人與自

生命的出口 | 64

然之間形成了一個橋樑，而這個橋樑，便是人的靈魂在宇宙之間思維、思考一切未來。

由此，不難得知，宇宙道法可以兼容一切，同時也可以毀滅一切，而人類可以在這個規律及定律之中思考宇宙道法的妙處，皆會有所規律、皆會有所定律之中思考宇宙道法的妙處，它是虛空地存在人類的感知裡，而道法可以成就我們，也可以拋棄我們，道法隨時跟隨著時空的變化而變化，它隨時跟隨著環境的變化而變化，也隨時跟隨著人類的思維變化而變化。

是的，宇宙道法大到蒼穹，小到細菌，這是一種超自然現象，所以，人類生存空間裡無處不是道法、無處不在更新、淘汰、無止境進化、再進化，那麼，無論人類如何進化，人類終究還是無比渺小，人類的偉大之處在於人類天生擁有著和平、友愛、健康的掌控權。

人類總是想要追求更美好的空間，然而，只有懂得付出、捨得、理解、及包容的人們，才可能得到他們想要的結果，反之人們如果只想要索取、侵略、踐踏、及吞噬人類，那麼，人類將會漸漸地失去和平、友愛、平衡健康的所有權，因為，宇宙是一個平衡系統，宇宙不是一個單方面系統，否則將不會有春夏秋冬的存在，也不會有輪迴、循環地存在了。

那麼，既然如此，人類為什麼又要戰爭呢？大到國家，小到個人而言，難道一切侵略皆是為了切身利益之爭？這個答案是肯定的。

65 ｜ 第二章　無須造作　天自安排

三、生命的到來，皆是為了什麼而來？

答案是所有傷害，皆是為了利益而產生，那麼，可不可以減輕不必要地傷害呢？答案自然也是可以減輕的，既然人類可以控制自己的思維，那麼，人類就可以控制不去傷害他人，不去傷害是一種感性地選擇，而不是一種理性地選擇，是的，人類最終還是需要感性來平衡這個環境，人類因感性而生，人類還可以因感性而彼此珍惜。

那麼，有人會問，完全充滿感性的人不就容易上當受騙了嗎？答案是必然會上當受騙的，但這也只是暫時性地演變過程，因為，人類只要進化到一種高階思維程度之後，感性、且仁愛的靈魂就會不斷增多，那時候的大環境，將會處處都是充滿仁愛之心的人，那麼，那個時候的窮人還會懼怕貧窮嗎？那個時候富人還會喜歡戰爭嗎？答案是否定的。

所以，問題還是會有解決方法存在的，只是需要些許時間罷了，從而生命皆是為了進化而來，而不是為了傷害而來，難道不是嗎？上下五千年智慧不是一直在錯誤中更新嗎？取其精華、去其糟粕、也正是生命到來的責任、及義務，那麼便有一個答案了，原來生命到來皆是為了一種責任而來，皆是為了成就大我環境而來，生命的到來，皆是為了付出而來。

是的，生命到來，皆是為了付出而來，因為，唯有如此，人心才會進化地更加良善，

生命的出口 | 66

環境才會進化地更加整潔，人的思維才會進化地更加高階，於是戰爭、痛苦、貧窮、焦慮、傷害皆會慢慢地改善，改善成為人人心中想要的模樣，那麼，人間處處皆會有同於天堂。

所以，不要害怕貧窮，即便是貧窮，也無須造作，要懂得在知足中付出，從而你便會成為一個擁有仁愛之心、及大愛的人，同時，你也會是一個擁有高階思維系統的大智仁者。

相信上天自會有所安排，既然來到這個世上，就必定會有所使命，那麼，不如化悲痛為力量，要相信平凡的自己，努力成為一個有能量的人，努力成為被環境所需要的因子，於是生命便會有所價值，但這個價值不是指你超越了多少人，而是指你一直在被人們所需要。

所以，無須自卑、自嘆、用一顆平等心去看待生命成長速度，要知道，成長只分早晚、不分高低，因為，哪怕是同堂親兄弟姐妹，也只有先來後到，只有天性各表不同，然而，哪怕是同堂親兄弟姐妹，也存在著善惡之分，這種基因突變是不是讓人嗤之以鼻呢？

為什麼無論出生如何，人類的天性都將是獨特和唯一呢？因為五行八掛、風水變化產生了部分基因突變，世間萬物無論是固體的、還是動態的、都會具有其特別的屬性，我們不能說任何人的屬性是無用的，只是我們還不懂得如何使用它的屬性罷了，所以，試著包

67 | 第二章 無須造作 天自安排

容他人的落後、及不同、試著謙卑自己的優勢、及擁有，這也便是難得好修為了。

因此，人與人之間無法用高低來比喻，人與人之間只有能力早晚之分，因為，這個世上本就沒有完美的人，每一個人都有其優點和缺點，只是還尚未被人們發現而已，再怎麼優秀的人，都有他不堪一擊的地方，再怎麼脆弱的人，都有他有用的地方。

所以，人與人之間只有接受與不接受而已，人與人之間又何來高低貴賤之分呢？而在人們眼中的高低貴賤之分，也不過是因為他們心中的利益在左右其思維罷了，難道不是嗎？那麼弱者又為什麼一定要因為對方的強大，從而卑微了自己獨特的價值呢？所以，人人皆要用謙卑之心去學習、成長、要知道，能夠超越原來的自己，就是一件偉大的事情。

是的，成長是一件偉大的事情，但是成長不應該成為傷害他人的藉口，不要因為自己變得強大了就可以肆無忌憚、目空一切、一切建立在踐踏他人尊嚴、及利益之上地成長，皆是屬於一種修為上的因果、及業障，然而成長，既是不斷失去，不斷篩選地過程。

一枝寒梅暗自香，無數星夜伴孤燈；；世間凡人皆為利，和尚不用笑尼姑；你我皆是過路人，一身塵土何人問？所求、所思、皆是為了利字，然而，真正又有幾人捨得付出呢？

因為，我們不是神，所以，我們給不了那麼多，所以，人的能力是有限的，既然人的能力是有限的，那麼，人們又何必這般狂妄呢？狂妄之心只會給人帶來疾病、痛苦、這些

生命的出口 | 68

皆不利於良好修養，那麼，收起狂妄之心，才會擁有虔誠之心，才會擁有健康的精神系統。

也許有人會說狂妄只是一個過程，是的，在某種程度上狂妄只是一個成長的過程，但是，人到中年還不知改變狂妄的劣性，那麼，就要另當別論了，因為，一個中年人如果還不懂得收斂自己的野性、及害人之心，那也只能說明其人修為素養還不夠，慢慢地被人性與時代的擠壓所磨平，那麼，我們還會不會繼續狂妄呢？答案皆是否定的。

沒有人有義務一直去包容一個狂妄的人，更沒有人有義務一直去包容一個修為素養不夠的人，生命應該為了進化、成長而來，不應該成為只是為了傷害而來，生命的成長，應該成為一種必然地武器，當我們身上的菱角正慢慢地被人性與時代的擠壓所磨平，那麼，我們還會不會繼續狂妄呢？

大智者必謙和、大善者必寬容。所以，狂妄之心，皆不利於健康成長，所以，只要順應天意自然而成長，自會有水到渠成的一天，遇到大事，勿急、勿燥、勿狂妄、相信老天自有安排，只是你成長地速度與人不同而已，人生沒有永遠的失敗，只有永遠的放棄，任何時候都要相信自己，一切不如意地遭遇，皆只是為了給你更好地安排。

是的，災難的存在，皆是為了更好地安排，試著讓思維轉一個彎，人生便將會是全新的風景，試著逆向思維，思維將不會辜負你，所以，不怕風雨、不懼未來、勇敢接受命運的遭遇，鍛鍊高階思維系統，在無常的逆境中、劃出一道智慧的彩虹，相信你我皆可以做

要知道，活著不只是為了利益，許多時候，活著只是為了被需要的人所需要，追求地過不必處處講求利益，也不必處處攀比強弱，因為，只要是人活著，誰又還沒個長處、及短處呢？那麼，尊重生命的獨特，既然來到這個世上，不如順應天意，再不堪的歷史，再失敗的過往，也只是為了更好地成就你、成就未來，這便是最好的安排。

我們應該時常在懺悔中思考，才會不斷進步，記得時時提醒自己、改變自己、才是正確的修行之路，當我們還沒有能力撐起屬於自己的天空，那麼，就要懂得懺悔，在懺悔之中學習慢慢地成長、在懺悔之中學會慢慢地崛起。

是的，懺悔如此強大，懺悔能使你變得強大，無論你懂了多少，又學會了多少，如果你沒有一顆懺悔之心，那麼，你所懂、所學的東西，都將只是一種才華，而才華並不代表良好德行，好的德行需要寬廣無比的心胸、及度量，這也便是五千年智慧為什麼以德立人，而不是以才、或財、立人的道理，因為，才華只是一種能力，而好德行才是上層的修為。

我們可以試想，一位君王若是沒有子民，那麼這位君王還是否有成立的條件呢？我們還可以試問，一位才子若是沒有好德行，那麼這位才子還是否還有成立的條件呢？這便有了答案，一切在追逐中而忘了個人修養的人，皆是一種虛無地追求，且不會被人們所敬仰。

水能載舟、亦能覆舟。我們要知道，你在哪裡得到了些什麼，而在另一面也必然會失去一些什麼寶貴的東西，所以，得到不一定是好事，而失去，也不一定是壞事，得失之間關鍵在於是否有良好的心態，心態好的人，把失去看成是另一種得到，而心態不好的人，即便是得到了許多，他也不會懂得知足、感恩，這也便是人與人之間最大的差距了。

人們努力學習，努力實現的自己的價值，但是不要忘記一件很重要的事情，那便是心態，雖說追求無罪，但是心態好壞決定人的心理是否健康，如果追求是一種刻意，如果付出一定是為了利益，那麼，將不會有花好月圓的時刻，更不會擁有長久健康的身心。

因為，我們人類的心靈是非常柔軟的系統，如果我們一直強硬地去擠壓它，那麼，這顆心將會變得扭曲、醜陋起來，所以，為了成就更美麗的心靈世界，需要長久保持一種知足、且友好的心態來面對這個善變的環境，及善變的人類，那麼，常用一顆平等心、知足心、感恩之心去看待人、事、物，也許會獲得意想不到的健康與和諧。

這一路，我們在紅塵中追逐，能夠擁有健康的心靈世界，才是擁有健康身體的主要源泉，那麼，在擁有健康心靈世界之前，我們首先要擁有足夠的自信心、上進心、平等心、以及知足心、還有感恩之心來做良好基礎，而後才能夠擁有真正的健康心靈世界。

於是便有了一個答案，人生這條修行之路，你我最終所努力、追逐的結果，無非皆是

為了修為上層的素養、修為良好的心態、修為健康的身心、如此人生便會有了明確的目標，而當人生有了正確的目標之後，便會有了正確的方向，而這個時候，我們的大腦所思、所想、所決定的事情、皆會是正確的事情，是的、生命的到來，皆是為了做正確、且值得的事情而來，生命的到來不應該只是為了傷害而來，更不應該只是為了得到純粹的利益而來，生命的價值應該是無價的價值，生命的價值不應該是有價的價值，難道不是嗎？

當你在渺小他人價值的時候，同時也在渺小自己的價值，這是不爭的事實，因為一個看得起自己的人，同樣也會懂得尊重他人存在的價值，而一個沒有自信、且看不起自己的人，同樣也不會懂得尊重他人存在的價值，原因是他根本不知道人類存在的價值是什麼。

從而一個不懂價值是什麼的人，同樣也不會懂得尊重他人，那麼，人與人之間便將會形成一種無形地傷害，而這種傷害皆是因為無知者無畏而形成，由這種無知者無畏而形成地傷害將會形成漫長而無解的因果關係，於是因果的來源，有良性的因果，也有惡性的因果。

如果他知道這是一個不好的因果，他還會去做傷害他人的事嗎？答案有兩種可能，一種是故意去傷害，而另外一種，則是無心地傷害，前者皆是為了利益而去故意傷害，這種傷害罪將會更大，而後者皆是一種無知、無心之過，這個傷害罪就會相對更小。

良性的因果，皆是可以化解的因果，然而惡性的因果，皆是無法化解的因果，既然我們知道因果不可改，那麼，就要避免無畏地傷害，特別是要避免正面去傷害，不要經常用言語去傷害他人，這樣會造成罪惡地業障，更不要因為利益，而在背後故意傷害他人，那樣對自己將來的人生會有不好的因果，因為，因果不會放過任何人的虧欠。

所以，人生修行之路，厚道做人，用真誠換真誠、用善良換善良、學會謹言慎行，也是人生必修地一堂課，那麼，紅塵修心，話到嘴邊記得留半句，不要成為一個口無遮攔的人，聲音大不大不代表贏過他人，聲音太大反而是自己的修為還不夠，因為吵架聲音比你小的人，並不是真正輸給你，而是他選擇了用另一種方式來平息你，所以，做為成年人不要輕易失控，除非你有萬全的理由，且你是為了正義去制裁他人，則另當別論。

有人的地方就有江湖，然而，人性生存環境，將會處處都是陷阱，如果你的生活周圍不幸出現了小人，那麼，有心之人的所做、所為、皆是無法防備的事情，當我們遇到不公平地對待時，記得不要妄想去改變他，而是要選擇悄悄地離開他，是的，漸漸地、無聲地離開他，這才是最明智的選擇，才是尊重自己最好的方式。

要知道，相信你的人、愛你的人、將會永遠愛你，而不相信你的人、不愛你的人，與你有利益之爭的人才會傷害你，一段輕而易舉就被利益破壞的關係，並不值得我們去留念，

73 | 第二章 無須造作 天自安排

因為，他在你跟利益之間選擇了利益，所以，不要去強求任何走調的關係，那樣只會給他再次傷害你的機會，那樣還會拉低自己的格局、那樣只會卑微了自己的感情。

四、人人皆凡人，人人皆獨特。

不用懷疑，我們皆是很普通的凡人，人之所以平凡是因為人類將隨著生命的成長而變得越來越現實，這是成長過程必然地結果，且是有科學依據的研究結果，人類分為三、六、九等，而人性又分為魔性、人性、神性，人性較接近於貪、嗔、痴、三種表現，在早期，人性更多表現在貪婪、狂妄、無知、三種特徵，這也是人類疾病與痛苦所產生的主要因素。

然而，貪婪、狂妄、無知、則主要是缺乏平等心、謙卑心、仁慈心、感恩之心、從而所造成的結果，從人類的原始特徵來看，顯而易見，人類需要更好地完善自己，才能夠健康而自在地暢遊人生，反之則會糊塗一世，更容易墮入人性的萬丈深淵，且無法自度，是的，活著只是為了更好地自度，也唯有自度，才能夠解脫疾病與痛苦地干擾。

成長，唯有看破了人性，才知道什麼才是人生，看不破人性，又怎會知道自度的好處呢？要知道，溫室裡嬌生慣養的後裔們，都將會在迷糊中渡過其一生，無論你信與不信，這將是一個殘忍的事實真相，因為，一顆心，不折磨就不會圓通，而我們每一個人都要受

生命的出口 | 74

盡了折磨與折騰，才會懂得什麼是真愛、什麼是親情、什麼是道義、什麼才是珍惜與懂得。

人生在世，活著是一種心態，心態好的人，看什麼事都順眼，心態不好的人，看什麼事都不順眼，但是無論你我心態有多好，都會遇到心態差的人，這許是環境中的互補，也是非常無奈中的無奈，我們且不得不接受這種不公平的安排，因為你的心態有多好，這個環境就會安排與你對立的負面心態來形成一種互補，這便是生態環境中的自然平衡效應。

是的，一切就是這麼神奇、又科學的比喻，可曾發現無論你我走到哪裡都會遇到與自己對立的人呢？這並不奇怪，這是一種自然現象，只是為了成就你我而來，重點是你用怎樣的眼光去看待這個環境的互補化、多樣化、我們可以試著換一個角度來看待他人的不同之處，也許他人的不同，並不一定代表都是壞處。

是的，試著用良好心態去看待環境中的每一個人，你會發現每一個人都具有他的獨特性、以及正負兩面性，正是因為這種獨特性，才能夠形成環境需求、及互補，環境運作平衡、且有規律、也正是因為如此，才會減少許多人為災難，假設大家都能夠好好地生活，那麼，誰還會有多餘的時間來作惡多端呢？這也似乎有幾分道理存在裡面。

我們可以換一個說法，與其排斥這個環境中的異類，倒不如大方接受這個環境中的形形色色，因為你越是排斥他的存在，就越會收到相反的效果，既然道法安排地如此周密，

那麼定會有它的寓意存在，可曾發現，當我們越想稱心如意的時候，事情就會越不能如願以償呢？而每當我們想要放下煩心事的時候，心情反而變得豁然開朗、簡單許多了呢？所以，當生活顯得不是那麼順遂的時候，可以試著簡單放空心情，試著與環境握手言和。

是的，學會與環境握手言和，才是最明智的思維，我們無法改變這個環境什麼，但是能夠改變自己的心態，他人的存在是異類，他人的存在，也是為了提醒我們而存在，即便是負面的存在，也將會給你一定正面的教育，只是看個人心態如何去整合正負兩極化的好處了，一個有智慧的人，看什麼都是道法，然而，一個無知的人，看什麼都是怨恨。

人人皆凡人，人人皆獨特，懂得尊重他人的不同，他人也會尊重你的不同，用欣賞的角度去看待他人的獨特，用謙卑的心態看待自己的不足，這個環境的多樣化總是會對我們有所幫助的，從怨天尤人地迷糊中走出來，在欣賞美麗世界風景的同時，不妨也欣賞一下世界的異類，他們為何而來？我們又為何而來？這將是美麗世界裡的共同問題、以及學問。

這個世界上有一種人，總是想征服全世界，他們總是站在自己的角度去思考問題，且總會給人帶來不舒服的交談、及有色眼睛、亦或者是給人帶來不舒服的關係，因為，他們的思維方向，不是為了祝福、友好全世界，然而，征服全世界，這些想法，也只是為了滿足他們心中的慾望、及貪婪之心，僅此而已。

是的，傷害皆是因了人類心中的慾望、及貪婪而產生，這便是千古思維引起地戰爭，上下幾千年故事記載，英雄人物故事數不盡數地犧牲、奉獻了自己，最終他們用生命去譜寫地是一種偉大的思維，也正是這種美好的思維，才值得我們歷代子孫去學習、去不斷精進昇華，且讓美好的人事物，都能夠收藏在時代的文化裡，烙印在時代的智慧裡。

你我皆凡人，唯一不同之處在於思維模式不同、在於心態不同而已，若是想要讓生命之歌充滿健康和陽光，那麼，你就必須擁有健康的思維、擁有良好的心態，你若是不用平等心去對待他人，你必將會走進狹窄的世界裡，你若是不用仁慈心去善待他人，你必將會走進邪惡的世界裡、因為，每一個人都很重要，而不是只有自己很重要。

這個世界很大、很大、大到只有寬廣的胸懷，才能夠包容得下它，所以，只有寬廣、而仁愛的胸懷，才有資格來享受這大千世界的美麗，只有良好的心態、健康的思維、才有福氣來品味生命的真正意義，才不會被人性的貧窮思維，從而左右了幸福和快樂的本質。

試著張開你友愛的雙手，你會發現其實有許多人同你一樣良善，他們雖然同你一樣平凡，但是他們同你一樣有著獨特的靈魂、同你一樣有著偉大的理想、同你一樣在平凡中追求自己不平凡的人生，明知生命如此渺小、同你一樣有著獨特的靈魂、同你一樣有著偉大的理想、同你一樣在平凡中追求自己不平凡的人生，明知生命如此渺小、明知青春如此短暫、明知環境如此現實、但是他們同你一樣希望世界和平、希望沒有戰爭、希望沒有災難、希望沒有人與人之間的傷害。

77 | 第二章　無須造作 天自安排

那麼，試著閉上疲倦的雙眼，你會感受到，其實你並沒有那麼孤獨，因為還有許多人同你一樣正努力奔跑在前行的路上，他們也不知道自己的終點到底會是怎樣的風景，他們同你一樣，只是在獨特中正在努力成長，是的，他們只是為了更健康而成長。

生命在平凡之中理應健康成長，也只有好好善待自己的人，才有足夠的健康資本去善待他人，人生就是在喜怒哀樂中篩選良善的健康因子，那些出現在我們生命中的人、事、物，無論是好人還是壞人，他們皆是來成就我們的人，他們會將善惡的因子悄悄在無形之中注入我們的精神世界裡，所以，要正確保護自己，且是無時無刻都要進行健康篩選。

人生就是一場識人、度己、開懷地過程，然而，人與人之間沒有永遠的包容，更沒有永遠的付出，當我們的善良、及付出，達到一種極限的時候，精神世界勢必就會崩潰，精神世界勢必就會重整系統，從而我們的理智就會對周圍的不良因子進行篩選、淘汰、拋棄、所以，無論貧富，請珍惜生命中應該珍惜的人，因為，成年人的世界裡沒有回頭二字，除非你們是特定的關係，比如夫妻、兒女、親人，才會有包容地可能性。

那麼，夫妻、兒女、親人，這些都離不開家庭關係、離不開家族關係，也就是說健康的精神世界主要來源於家族、及家庭成員，那麼，便會有了一個答案，健康的精神世界與健康的身體，皆源自於健康的家庭教育、皆源自於健康的家族影響，於是便會有人問，每

生命的出口 | 78

一個人都不能選擇自己的出身，那麼，誰又能夠保證正確選擇了人生呢？

是的，我們不能夠選擇原生家庭的教育基因，但是我們可以選擇後天的獨自成長，每一個人都是獨特的因子，這個世界上沒有絕對相同的人，包括雙胞胎也不可能完全相同，正是因為這種獨特性，才給了我們後天選擇的權力，所以，家族先天帶來的因果並不完全決定後天的健康，然而，家族先天的因果，只有相對性影響、或者是牽制於我們的生長環境。

那麼，家族基因相對性地牽制成長，並不會決定家庭發展方向，而家庭中每一個人的人生方向，70%取決於自己的決定，被牽制的部分則只有30%，且無法更改，而這30%的牽制可能是你的血型、教育基礎更容易影響你的人生方向，如果你想要更健康、更輝煌的人生，還有70%是你後天可以控制的方向，這也是和平時能夠帶給每一個人的恩賜。

是的，這只是和平時代賜給每一個人生命的彩禮，除了戰亂國家，因為戰亂，他沒有機會逃避30%的命運牽制，所以，這個世界沒有公平的命運可言，而公平只是一種相對性地互補，公平一詞並非是一種事物絕對性地說法。

那麼，人生不如意十之八九，得之坦然，失之泰然，許多人、許多事，都不是我們願意看到的結果，我們無力改變大環境的不公平，但是我們可以改變當下的心態，即便是平

凡，也要讓生命在平凡之中超脫精神世界，因為，任何時候，精神世界都能夠打倒貧窮。

貧窮很可怕，貧窮思維更是可怕，能夠使人疾病纏身的因素無非就是貧窮思維、及貧窮教育、這也是成長路上最容易迷失地萬丈深淵，每一個人的認知局限將決定他是否遠離貧窮思維，成長若是沾染貧窮思維教育，未來將會從彩色演變成黑白，我們為此而嗤之以鼻。

第三章 提升認知 遠離疾病

一、認知就是能量，能量就是健康。

每一個人都無法選擇自己的出生，但是人的起點不能決定終點，易言之，人的出生背景，並不能決定未來人生的高度，在這個信息飛越的時代，只要你肯不斷努力學習，不斷提升認知、及格局，人人皆有改變命運的可能性，相對古早而言，在科技社會時代裡，人的命運，皆有著相對性平等機會，因為，世事無絕對、命運無絕對。

快樂本身不受貧窮左右，快樂是受貧窮思維模式而左右，因為，貧窮地區也住著快樂的人，而富人地區也住著悲傷的人，這便給了我們一個思考的方向，到底是什麼影響了幸福快樂的本質呢？這個答案已經很明顯擺在我們眼前了，幸福快樂的本質受制於人的思維模式，你是否幸福快樂，完全取決於你的思維模式是否健康陽光，且這些因素皆無關貧富。

當然，如果你純粹只為金錢而活，那麼你的幸福快樂就必將會受到貧窮所左右，但是恰恰與你相反的人，他們不為金錢而活，那麼，他們的幸福快樂定會是受思維所左右的，那麼，在他們思維裡的金錢自然也就左右不了幸福和快樂的本質了，所以，越是低層人，

越是容易受到金錢左右，越是上層人，越不會受到金錢綁架，這是一個科學的真相。

為何要用低層來形容呢，因為人的認知局限而導致思維認知模式走向了低層，這裡的低層並非是指人的出生是低層，這裡的低層與上層是指人的思維認知模式，也就是說認知程度越高的人，其思維模式就會是更上層的人，而認知程度越低的人，其思維模式就是更低層的人，這是以精神角度在衡量的高低，精神層次之分，便是低層思維與上層思維的區別。

所以，提升認知也是人生中重要的事情，想要成為上層人，還是成為低層人，完全取決於個人後天的修為、及認知，要知道，美麗的世界風景，皆是呈現在人類的精神世界裡，難道不是嗎？若是沒有思維裡的審美精神，去欣賞這個美麗的世界，那麼，這個世界又要如何稱之為美麗呢？不難得知，美麗與醜陋之分，皆是局限於每一個人的精神思維裡。

從而，也只有人的精神思維模式，才能夠分辨美麗和與醜陋的區別，也只有人的精神思維模式，才能夠分辨幸福與快樂的本質，又好比一個在平凡中工作的人，他每天都過著極其平淡的生活，但是他每天都能在平常的生活中找到快樂，那麼，他是因為什麼因素才能在平淡的環境中做到遠離痛苦的呢？答案是，他的健康思維模式左右了他的精神層次。

那麼，思維層次高低，取決於豐富物資條件嗎？其實不然，思維層次高低不完全取決於物資條件高低，而是取決於這個人的認知、眼界、及胸懷，從而真正的知足感、幸福感、皆來自於精神世界裡的知足，來自於虛擬空間裡的知足。

既然人類基礎需要很少、很少，那麼，又是什麼因素左右了人類幸福的方向呢，且讓大多數人的思維模式停留在更低階層呢？答案是慾望、貪婪、及追求因素所慢慢地引起，而這種由自然成長所帶來的欲求，將會給每一個人帶來相對性的疾病與痛苦，為了減輕這種痛苦，人類思維進行了自我學習、自我審視、自我鞭策、自我調節、最終，還是自己的思維方式才能夠解脫痛苦，不難得知，人類的思維系統是一個能夠療養地完整精神系統。

這個完整精神系統還可以療養貧窮、無知、貪婪之心、也可以控制拿起、放下、及平衡精神內在，那麼，人的思維系統可以比喻是一個完整的宇宙，思維可以決定宇宙是否正常運作，思維還可以決定你是否健康成長，它是一個精神系統，也是一個宇宙系統。

這個比喻恰似貼切，因為人類受制於自己的思維，這是不爭的事實，也是科學的依據，人類所有的快樂與痛苦、及各種心情、都取決於自己的思維模式，然而，思維層次高低，又主要取決於這個人的認知、眼界、及胸懷，所以，無限量提升認知、眼界、及胸懷，便可能成為一個思維上層的人，而思維走在上層的人，自然也就會遠離諸多疾病、及痛苦。

生命的出口 | 84

是的，思維上層的人會很自然地遠離諸多疾病，當我們的思維模式形成一種開放式模式的時候，人的精神磁場就會變得圓潤、強大、謙和，且給人一種安全感、信任感、層次感，而形成這種開放式模式思維的前提，則是對這個世界要有廣博的認知、包容、理解做為基礎，才能夠真正融入世界，只有融入這個世界，精神才能形成真正地開放式思維模式。

當人的思維模式形成一種開放式，也就是一種透明式思維模式，所思、所想、皆會自然而然、皆會整體全面、皆會通透達觀、又是什麼因素才能讓思維模式這般神秘而寬廣呢？答案是這個人的認知能力，及大我格局，是的，有一種思維能力，它能讓你找到人生的真諦，這種能力來自於你的精神世界，而並非取決於你的金錢多寡。

這便是一個重點，許多人因為誤解了能力的本質，所以誤導了人生的方向，從而左右了思維模式的高低層次，同時也左右了幸福和快樂的本質，要知道，能力主要取決於人的思維認知高低，而不完全取決於你的金錢多寡，這是人生必修的一課，因為，哪怕是他擁有再多的金錢，只要他一開口說話、或者出手辦事，便呈現出他的內在思維層次高低。

所以，能力不等於金錢多寡、能力不等於物資多寡、能力等於一種精神實力，那麼，精神實力又明確指得是什麼呢？精神實力自然是指上文中所指得認知、眼界、胸懷、以及人的德行了，是的，人的德行才是重

點。

人的德行就是人的精神實力,這個實力將會陪伴我們成長,並支撐很久、很久、且是可以支撐一輩子、甚至是更久的精神實力,一個德行高尚的人,自然是能夠平衡環境的人,平衡環境也切實需要這種精神實力來平衡,這便是人的風水,且是人類主要的風水需求。

有這樣一個說法,德高望重之人必會給人帶來好風水,這也正是眾望所歸、民心所向而形成的好風水,包括上下幾千年記載,人類最美好的精神世界裡,只有人的德行才是值得人們去敬仰、去學習、去流傳的精髓、要知道美好事物一直都是深受人類喜愛的東西,所以,努力皆是為了美好事物不斷發生,努力不只是為了物資與金錢本身,難道不是嗎?

金錢與物資只是一種生活的需要,而並非是人類精神世界的全部,我們雙手空空來到這個世界,我們又雙手空空而離開了這個世界,且人人無一例外,只是在這個成長過程中人類因為追求而不小心迷失了人生的方向,人類又因為追求而傷害了彼此,而這種傷害將會形成一種惡性因果循環,且無休無止、輪迴在宇宙空間裡,輪迴在人類思維模式裡。

無知者無罪,無知者無畏,人類來自於大自然,所以,人人皆無知,人人皆可無罪,然而在道法面前,無論是有罪、或者無罪,皆只是一種自然因果,無論大小、是非、對錯、最終也只是因果在交替、輪迴,所以,你會發現人類,皆是在演繹一種因果,然而,一切

生命的出口 | 86

因果皆都離不開利益，當個人利益高於人類生命價值之後，人類便會形成一種思維上的無知，也正是因為這種價值觀念的錯誤，從而形成了歷史人類在思維上的諸多盲點。

是的，正是這種思維上的盲點決定了人類思維是否健康，也決定了人類身體是否健康，這是因果循環地必然性，一切發生與結束皆是一種必然，因為有因必有果、有果就必有因、這種自然現象不斷循序漸漸、且輪迴在無聲的歲月裡，左右著每一個人的人生追求方向。

追求亦然、放下亦然。總之都是一種得到，總之都是一種失去，何不放平心態，放寬胸懷呢？當你知道事情真相之後，你對人生便不會再有過多地計較，而事實真相，則是我們從一出生開始就一直在付出、一直在失去、我們付出了全部的生命、及時間走向終點，難道不是嗎？然而到了終點，你我卻從未得到、亦或失去過任何東西，於是，便又都離開了。

這個事實真相是不是讓人嗤之以鼻呢？那麼，我們還可以試問自己，人生在付出地漫長過程之中，生命還能為世界留下些什麼呢？你留下了善的因果呢？還是留下了惡的因果呢？這些造化皆會在每一個人的思維裡、及修為裡產生，且沒有任何人能夠改變他人的因果。

是的，沒有任何人能夠改變他人的因果，包括親子關係、夫妻、兄弟姐妹也皆是如此，

那麼人類為什麼不能改變他人的因果呢？因為，無論是善的因果，還是惡的因果，皆是在每一個人的思維裡、修為裡產生，而人人皆獨特，也正是因了這種獨特性地存在，所以無人能夠左右他人的因果，這也是一種科學的依據，而真相，便是人類的思維從未真正服從過任何人，哪怕你們是最親的親人，也皆是如此，從而人與人之間只有認可與不認可。

二、讓精神更健康，皆取決於什麼呢？

擇其善者而從之，擇其不善者而改之，成長之路是一條篩選之路，也就是指思維成長之路是一條篩選之路，人的思維在成長中不斷進化、篩選、整合、從而進階成為他自己本性的模樣，成年人的世界裡沒有馬虎二字，成年人的世界裡只有尊重與不尊重、只有信任與不信任、只有認可與不認可。當然，同情不等於尊重，而尊重，也不等於認可。

研究發現，一個擁有內在美的人自然也會擁有相對外在美，而一個思維進階的人，自然也會擁有相對健康的身體，認知決定人的格局、胸懷決定人的氣質、心態決定人的健康、這也便是風水學中所指人的精、氣、神，達到以上三者平衡的人，自然會是人群中上好的風水了，然而有些事說起來容易，要做到精、氣、神三者平衡、且盡善盡美、著實很難。

當然，我們是人而不是神，人類在成長過程中將會得罪許多的人，這是篩選地過程，

也是必然地經歷，但是沒有這些坎坷，又要如何歷練人生呢？要歷練人生，思維總不能停留在原地吧？不用懷疑，思維停留在原地的人自然不再伸長，停留在原地的思維，將會局限其認知程度，除非你生活在優良的環境裡，否則，你便只有退步地可能性。

是的，不成長就是一種狹窄，不延伸就是一種狹窄，成長是為了填充內在精神不足，而延伸，則是為了無限展望未來，二者皆不可缺少，這是人生中最重要的事情，我們除了學習便是在成長，除了成長便是在延伸、及進階，只要你還在成長的路上，小小過錯都值得被包容，最可怕的事是越修越退步，然而，越修越退步的人，皆不值得被原諒、包容。

為什麼成年人的世界裡，有許多不值得被包容的人和事呢？答案是因為他們的精神世界一直在退步，因為退步，從而間接性影響到大環境的和諧，所以成年人的世界裡，品質修養一直在退步的人，皆不值得被人們理解和包容，這是對大環境的責任，也是對自己的責任。

大環境品質決定小我環境品質，這裡的環境是指人類精神內在環境，而並非只是指外在的環境，如果你周圍的精神環境都是正能量的人，那麼，你所接受的精神能量，便是對你有益處的能量，而如果你周圍的精神環境都是負能量的人，那麼，你所接受的精神能量，則是對你有害的能量，即便你的素養再高，都有拉低你能量的可能性。

89 | 第三章 提升認知 遠離疾病

那麼,我們要如何改善原生背景環境呢?答案是可以改善的,因為大環境只是一種精神環境,想要改善內在精神環境,在這個時代則是一件容易的事情,只要把思維方向轉向良師益友,你便會擁有一片晴朗的天空了,精神上的良師益友,皆可以通過資訊來獲得,在這個信息飛越的時代應該不是一件困難的事情,大量精神資源都在書本、或學校,而正能量,不一定在你的原生背景之中,如果運氣再差點,原生背景可能會局限你的思維成長。

在原生環境裡,哪怕是你親眼見到、聽到的事情,都不一定是事情的真相,這是指原生家族環境給你帶來地誤導,及錯誤的觀念,這些錯誤觀念,將會根深蒂固地影響你後天的認知格局、影響你後天的內在精神環境,你就好比溫室中的寵兒,總是那麼天真無邪、又可愛地表現於人們眼前,當然,這只是原生家族給你帶來地性格表象,這種性格表象,也並不代表你的本性,經過推理和研究,每一個人的本性,皆是在中年之後,才會完整表現。

面由心生,相由心生,是指每一個人在中年之後地成長結果,環境及教育,再加上思維方式地不同,最終導致成為一種因果命運,每一個人的面相將由他的心智、及思維方向來慢慢轉換,面相表現在每一個人的臉上、肢體上、神態上、那麼,你思考善的因子,你的心智、及思維、便會將你的面相轉換為善的樣子,反之你若思考惡的因子,你的心智、

及思維、便會將你的面相轉換為可憎的樣子，久而久之，人人都有著屬於自己獨特的樣子。

那麼，為了健康的身體，為了美麗的模樣，我們務必、盡量去思考善的因子，相信人人皆想成為良善的因子，相信人人都想給人以陽光、和諧、大愛、及溫暖，生命本應如此寬容、如此謙和、如此有溫度、難道不是嗎？

曾經已經過去，重點是修好當下的模樣，每一個當下地累積都是你未來的美麗模樣，這是一種科學依據，比如你現在把雙胞胎分開來撫養，哥哥放在貧困地區培養其秉性，小弟放在富裕地區培養其秉性，最後雙胞胎各自的秉性結果會是一樣嗎？答案是否定的。

因為他們各自成長地環境不同，從而改變了他們的秉性，在貧困地區成長地哥哥學會了自私與刻薄，而在富裕地區成長地弟弟則學會了付出與寬容，這是不是一個很殘忍的結果呢？是的，這個結果是現實又殘忍，真相就是在不同的環境，將會造就不同的秉性。

若是留在貧窮的環境，哥哥就會受到貧窮思維的影響，若是離開貧窮環境，去靠近精神思維富足的人群，哥哥就會變得寬容而大度，但是，如果是自己不想離開貧窮思維環境，那麼，因果終究還會是慘痛的代價，因為，沒有任何人會同情一個不想進步的人。

所以，最終結果顯示，命運不但有選擇的權力、及機會，而且還有改變命運的可能性，兩種決定將只要你提早發現環境是否優劣，你就會選擇性地離開，或者是選擇性地留下，

91 ｜ 第三章 提升認知 遠離疾病

會出現天壤之別的命運，那麼，既然選擇了留下就不要再怨天尤人、就不要自欺欺人。

天道無私、萬般皆因果，正是所指有選擇性的人生，人人皆會選擇，人人皆會在自因自果，只是大家不想承認自己的錯誤罷了，那麼，一個經常反省自己的人，相對也會懂得包容他人，那麼推己及人、將心比心、學會原諒自己，也能原諒他人，做一個大度之人，除非他是你不可渡之人，要知道，世上不可渡之人，皆是與你無緣之人，那麼，不如選擇靜靜地離開，因為，只有離開，才能夠選擇正確的方向。

是的，轉一個彎，心態就能放平了，不是嗎？人生沒有過不去的坎，如果真有這麼大的坎，只有一種可能，那便是用金錢無法解決的事情，到底是什麼事情用金錢都無法解決呢？答案自然是疾病與仇恨，疾病與仇恨，皆是用金錢化解不了的事情，因為，我們人人皆是凡人，既然人人皆是凡人，那麼，能力一定會受到局限才是，這也就無可厚非了。

沒錯，人的能力是有限的，至少在疾病面前，當重大疾病確診的時候，我們的能力就會顯得特別渺小，即便你有再多的金錢，也無法解決重大疾病的問題，這便是人類最大的隱患之處，那麼，我們何不逆轉思維與時間來思考問題呢？在疾病確診之前，我們是不是可以提前做到預防呢？答案是可以的，也就是說因果在某種程度上，是可以提前預防結果的。

然而，佛家說因果不可改，則是指已經發生的事情不可再更改因果，那麼，在因果還沒有發生之前，我們是不是可以選擇提早修正問題呢？答案是可以修正的，比如有兩杯水放在你眼前，一杯是有毒性的，而另一杯則是無毒性的，你如果提早知道這兩杯水的問題，那麼你就不會喝下這杯有毒性的水，你也就選擇性地安全了，相反，如果你不知道這兩杯水有問題，你一定會貪心作怪把這兩杯水全部喝下肚裡，這個時候你也就選擇性地危險了。

最終，能讓你變得危險的主要因素還是你的貪婪之心在作怪，如果提早知道貪婪之心會害到我們，那麼，思維系統是不是可以提早警告貪婪過度地害處呢？也就是說思維模式裡有正反兩極化的機制，一種是保護性的機制，一種是氾濫性的機制，這兩種相反的機制長久隱藏在大腦思維、及基因系統裡，只要善加應用得當，便皆是有益於我們的東西。

那麼，同樣的道理，在重大疾病來臨之前，我們是不是可以提早告訴自己，如果吃下這些東西之後將會有害健康，這個時候我們的自我保護機制，就會理智地取捨要與不要，而在長期使用理智保護機制的情況下，我們的身體就會相對性比常人要健康許多。

或者是說，我們提早知道做了這件事情之後將會影響健康，我們盡量不要讓彼此之間發生矛盾，這樣就會避免彼此之間地傷害，還有一種情形，則是無法控制矛盾發生的，那就是在

93 ｜ 第三章　提升認知　遠離疾病

解決問題的時候無法避免矛盾發生，除非你不去解決這個問題，才不會讓矛盾發生。

然而，事實上許多問題都需要我們去解決，所以，有些矛盾則是必然地因為我們是凡人，既然是凡人就一定會處理事情，處理事情就一定會發生矛盾，這又好比四季分明的模樣，人的心情如同天氣一樣，喜怒哀樂、皆是一種正常現象，而因果、則是防不勝防。

這四季輪迴地交接點，皆是矛盾的碰撞點，當無聲的歲月，在交替地同時會不會產生雷聲、地震、颱風各種現象呢？答案是肯定會的，那麼，我們能不能選擇不要去交替四季呢？答案是否定的，因為，有些事情可以避免因果，而有些事情無法避免因果。

三、世事無絕對，命運無絕對。

我們就拿地震來說，地震是因為地底板塊摩擦而產生、而人與人之間的矛盾則是因彼此之間的差異碰撞而產生，然而，萬事萬物皆有其獨特性，這也代表著摩擦與矛盾，皆是必然地結果，除非萬物有著相同性，才不會產生矛盾與摩擦，但這是天方夜譚的事情。

那麼，選擇性同類交往，就會相對減少矛盾與摩擦地發生，或者是選擇性避開異類，也會減少不必要地矛盾與摩擦發生，所以，人與人之間的矛盾與摩擦是一種可控性，而自

然界的矛盾與摩擦則是一種不可控性，從而我們只要做到控制自己的行為，就能夠遊刃有餘地掌控人生，相對性減少不必要地傷害，也就相對性減少了惡性因果發生地可能性。

想要在平凡中獨守一顆清靜之心，則是一件比較困難的事情，因為有時候即便你不去惹事生非，事情也會自動找上你家門，所以，人生只有勇敢面對各種挑戰，才能立於不敗之地，如果不去面對問題，一再選擇逃避問題，那麼，人生也將會是一場糊塗。

所謂防人之心不可無，害人之心不可有，所指便是一種備戰姿態，既然做了一回人，不如認真去做一回人，過往誰都會有無知之處，只要勇敢面對未來，這才是一種良好的心態，而不畏懼因果的人，方能夠更好地掌控人生，因為，知因果者，皆無畏因果。

顧名思義，知因果者，皆懂得如何去預防惡性因果地發生，在相對程度上能夠減少傷害、減少疾病、減少痛苦地發生，通常這種人都有獨特地思維模式，且不被眼前環境迷惑心智，他們是感性的人，方能夠更好地掌控人生，他們是理性的人，他們可以控制感性，也可以控制理性。

他們可以在理性中調動感性，也可以在感性中保持理性，他們在感性與理性之間提升自我認知、自我價值、自我管控能力，而這種人皆是久經風霜的智者，他們知道因果，但是他們不會懼怕因果，他們能夠改變因果，他們也能夠製造因果，他們不是神，他們只是人。

因而，這種人具有轉換因果的能力，你若想要成為切換因果的人，就一定能夠成為這樣的人，只要你是善意的行者，宇宙自然道法就會與你產生一種默契，你現在的想法，皆會被無形的道法所吸納，你想要切換因果，皆在你的思維系統中發生，你可以將不好的因轉換成為善的果，只要你是為了正義而活、為了轉換善的因果而活，道法定不會辜負於你。

那麼，同樣你也具有轉換痛苦的能力，只要你能夠控制自己的思維方向，試著換一個角度去思考貧窮與痛苦這些問題，你將會收穫化悲痛為力量的妙處了，是的，懂得化悲痛為力量，你才會更好地成長。

道理都是相通的，為何問題擺在自己面前就難以解決呢？所謂當局者迷，旁觀者清，許多時候都是因為我們沒有把自己當成真正地旁觀者在看待事情，所以痛苦與問題的存在就會變得更難處理，那麼，旁觀者的立場只是換了一個角度和位置而已，也就是說可以換一個角度來看待問題，你就是真正地旁觀者角度了，而旁觀者則清，這便會給你想要的答案。

所以，懂得換位思考，也是人生中重要的一堂課，就好比我們的左腦、右腦，你如果站在他的左邊就只能看到他左邊的大腦，而你站在他的右邊就只能看到他右邊的大腦，在左邊的人認為這個人只有左腦，而在右邊的人認為這個人只有右腦，於是喋喋不休、沒完沒

生命的出口 | 96

了。

於是，以上的問題確實是一個不是問題的問題，那麼，我們便不再茫然了，人的眼界原來局限於每一個人的認知，當你發現地球是圓的，你就會說太陽一直都在，地球沒有絕對的黑夜，也沒有絕對的白晝，因為，你知道地球是圓形、且一直在轉動著。

是的，那是因為你知道地球是圓形，是因為你的認知有所提升的結果，所以，提升認知，才會讓我們遠離無知、遠離疾病、遠離痛苦、這是人生必然、必修的一課，提升你的眼界，也就提升了認知與格局，知道地越多，就越不會迷茫，你的精神世界就會越來越豐富，從而擁有一顆明鏡心，你就會相對得到提升，這也詮釋了心如明鏡的妙處。

從科學的角度思考問題，不難得知，人的精神健康與萬事萬物緊密相關聯，將科學融入精神世界裡，則會收穫別樣地驚喜、及智慧，時常思考，時常與自己對話，你會發現宇宙自然環境，皆是與你我的心靈世界相通融的，而人的智慧成長，也在這其中不期而遇。

是的，科學的盡頭就是思維的盡頭，你不去思考就不會有結果，只要你思考就會產生新的結果，所以，思考能夠產生智慧與科學，思考還能夠解脫痛苦、也能解決問題、人類一切智慧的產物，皆來自於思考的結果，而思考的益處，則是提升心智、及內在精神環境，思考能夠轉換因果，思考還能夠轉換痛苦，而人活著，最可怕的事情就是疾病與痛苦，

97 ｜ 第三章　提升認知　遠離疾病

如果你有超然地思考能力，你便能在因果中解脫自己，讓你的思維進入高階層次，因此，你便會遠離不必要地疾病與痛苦，於是你的人生，便會成為自己可以管控的幸福人生。

要知道，人生本身就是可創造性的，難道不是嗎？只要你懂得事先避免迷茫、無知、貪婪、等等這些惡性因子，你就有可能親自掌管一個陽光健康的人生，你就是你人生的主人，你就是你人生的管理者，即便你是在惡劣地環境之中，你也能夠依靠自己而生活得很健康，你的生活也將會很有品質，所有你想要的幸福，皆是可以被你所創造的幸福。

你在思考什麼，這個世界就會回應你什麼，你把時間花在哪裡發光，這便是宇宙道法在成就你的思考結果，因為你曾經地思維方式決定了你現在的位置，如果你時常思考，我想要成為一個陽光而健康的人，那麼，你的思維就會使喚你的行為去做一些陽光而健康的事情，比如你想戒煙，當你思考一段時間之後就會自然而然地戒煙，比如你想減肥，當你思考一段時間之後，你就會自然而然地尋找相關減肥資料，在較長時間累積下，你就會通過你的思考達到你想要地減肥效果，也就是說，只有你的思維方式，才能夠決定你的人生是否健康，你的思維方式，還決定了你的痛苦、及歡樂。

那麼，如何提早控制疾病呢？同樣的道理，每天思考如何保持健康的精神、及體格，在日積月累之後，你一定會是一個非常健康的人，不如你去醫院做一個檢查報告來測試，

測試一下在思考健康的人生之前，你的健康狀況是什麼狀況，再看看，自從你思考健康人生之後，你的健康狀況，又會是一個什麼樣的狀況，相信一定會有驚喜在等著你。

是的，通過思考健康人生，才能夠擁有健康人生，擁有健康的精神磁場，擁有健康的精神，才能夠擁有健康身體，而活著，皆只是為了擁有健康的身體，還為了擁有陽光的心情，二者加起來的妙處不言而喻，那便是擁有美好的人生，那麼，擁有健康的身體就要擁有健康的精神，擁有健康的精神就要擁有良好的心態，然而，想要擁有良好的心態，則需要良好的教育。

因為，擁有良好的教育，才能夠改變平常人的心態，而擁有良好的心態，才能夠平衡貧富之間的差距，擁有良好的心態，還能夠平衡得失之間的盲點，然而，貧富之間只是一個無絕對性定義的虛無邏輯，而得失之間也是一個無絕對性定義的虛無邏輯。

所以，人生活得是一種心態，心態如果擺端正了，那麼，人的行為也就會跟著端得正，在這裡的行為，是指人的內在道德行為，而不只是指人的言行舉止範圍，人的行為若是端正了，自然也就會減輕人與人之間不必要地傷害、及摩擦，同樣也就會減少由各種痛苦、及傷害、所造成的疾病，於是疾病的根源隱患，也就會相對性得到解除。

人的精神內在道德行為，可以詮釋為人的精神內在靈魂行為，靈魂越簡單的人，相對性比靈魂複雜的人要健康許多，我們可以想像一下，乾淨的靈魂與骯髒的靈魂，所呈現

地差異自然是不言而喻的，每一個人的靈魂長什麼樣子都寫在他的臉上，看人要看其精神磁場、及氣質磁場，而不是只看五官，因為五官是可以包裝出來的，而每一個人的氣質磁場，則是由內在靈魂素養所散發出來的精、氣、神、由這三者之間完美相結合的靈氣。

不難得知，越是陽光的靈魂，越是健康的靈魂，越是黑暗的靈魂，越是複雜的靈魂，這裡有一個很簡單的問題，請問一下疾病最有可能去尋找哪一種靈魂呢？答案自然是疾病最有可能去尋找複雜的靈魂，那麼，擁有簡單的靈魂，才是人類所嚮往地健康靈魂，從而複雜的靈魂，才是成長中最可怕地疾病隱患，由此而見，人人皆是自造而來的因果。

思維因為簡單，所以快樂，思維也因為複雜，所以痛苦；就如同小嬰兒總是那麼容易知足，因為知足，所以嬰兒無比快樂，只是這麼簡單而快樂，小嬰兒才會健康成長，失去這種簡單的快樂，小嬰兒便會漸漸地複雜化、醜陋化、直到慢慢老化、再直到慢慢死去。

四、學會祝福世界，世界才會祝福我們。

我們已知，靈魂因為簡單而快樂，思維因為簡單而健康，那麼，我們何不時時祝福這個世界簡簡單單、且友好和平呢？如同四季如此分明，如此簡單地花開花落，哪怕四季交替、無限輪迴，它也沒有得失、沒有痛苦、沒有傷害、只有開花結果、只有簡單的美麗。

是的，四季正是擁有這種簡單的美麗，所以才沒有過多地越軌，如果四季表現異常，那麼，春夏秋冬會不會毀滅呢？四季輪迴只是一種自然規律在宇宙中運作，且平衡交替在春夏秋冬裡，只要永久保持這種平衡狀態，四季就不會生病、不會毀滅，假設宇宙有一天生生病了，人類才會失去春夏秋冬、才會失去所有。

那麼，便有了一個答案，只要保持一種平衡，便會保持一種永久地健康存在，在健康的原有基礎上維持一種平衡，便會有長久地健康狀態，所以，所求、所思、皆不可過多，也不可過少，只能在力所能及地範圍之內追求，才不會失去基礎原有的健康、及快樂。

那麼，懂得量力而為、知難而退，便是良好地人生戰略了，要知道，屬於我們的東西絕對不會少，不屬於我們的東西，即便是強求，也不會長久擁有，所以，我們要在知足中控制自己的慾望，一個能夠控制自己慾望的人，也能夠控制他未來的人生，更能夠控制他的精神內在，反之則會產生物極必反地效果，當慾望吞噬他的靈魂、當貪婪吞噬他的思維，他將會失去最寶貴的東西，那便是失去他的健康、失去他的生命。

懂得取捨自如，得之我幸，失之我命。人人只能夠得到能力範圍之內的東西，超過能力範圍之內地一切擁有、及佔有、極大可能被環境再次吞噬回去，因為我們的能力還承受不住這些擁有，因為我們還不會管理所這些財富，即便是得到了許多財富，也只能是暫時

101 ｜ 第三章　提升認知　遠離疾病

性擁有，所以，一切沒有計劃性地提早得到、一切沒有足夠能力的擁有，皆不屬於真正得到。

追求美好人生，無時無刻都要提防有得必有失，每一個人都只能做自己所能控制的事情，只能管理能力範圍之內的財富，如此才能萬無一失地擁有原本就屬於我們的東西，否則必將會形成滿招損的局面，也或是形成不可控的局面，只是需要一點時間罷了。

所以，得到不一定是好事，失去也不一定是壞事，懂得在知足中健康追求，才會擁有你應該擁有的東西，但凡是超出能力範圍之外地擁有都將會帶來災難，無論你信與不信，這便是宇宙平衡定律，那麼，懂得放開不可控的人、事、物，才是最明智地選擇。

是的，生活需要一種智慧來維持健康人生，想要好好地成長，就必須懂得節制慾望、節制貪婪、節制情緒、合理管控能力範圍之內的擁有，如果你能夠做到珍惜眼前的擁有，已便是一種智慧地作法，然而，未知的部分，應該來得絕對會來，應該走得一定會走。

歷史不會虧欠任何人的到來、歷史早已譜寫好了版本、因為無人能夠更改歷史、因為無人能夠逃離歷史、知道嗎，這便是事實的真相，珍惜我們已經擁有的東西，永遠比盲目去追求不屬於我們的東西來得更加有意義，因為生命的到來，只是為了演繹完整的歷史，生命到來，還是為了成為歷史裡的能量，這種能量，則分為正能量、及負能量。

生命的出口 | 102

相信人人都不想成為環境的負能量，然而，小嬰兒又為什麼在成人之後就會自動形成負面能量呢？我們可以試問，曾有那麼一個無比可愛的小嬰兒，他到底經歷了一些怎樣惡劣的環境呢？從而人生這個成長過程，將會讓每一個人嗤之以鼻，且人人會驚心動魄地敬畏、及迷茫。

那麼，能量又是如何形成的呢？有一些能量，是被動形成的因素，而有一些能量，則是主動形成的因素，人人皆會承載正能量，及負能量，每一個人隨著年齡的增長，都將會成為正負能量的加工產物，無論你信與不信，這些理論，皆屬於事實呈現的依據。

比如當正負能量進入到你的精神感知時，你馬上會將它合理應用得當，而且你的精神只會吸取與你精神上最匹配、最需要的能量，而後，你的精神系統會將這些正負能量迅速轉換成為另一種新的能量，再釋放出一種新的能量、再將新的能量釋放到這個環境之中。

能量有一種無形地感染力，能量在這個宇宙中將蔓延到相匹配的人、亦或是動物身上，我們時常會感覺到心情莫名其妙在改變，明明上一秒心情還控制地不錯，下一秒就會有所變化，所以，人的情緒因能量而變化，表現時好、時壞、這便也是喜怒哀樂地一種常態。

既然是一種常態，也就是一種自然現象，所以，不必為了心情偶然地好壞而去懷疑自己，這只不過是宇宙中的共享能量在干擾罷了，就如同我們旁邊正有人在哭泣的時候，這

103 ｜ 第三章　提升認知　遠離疾病

個時候我們就會產生同理心，就會跟著去傷心，然而，過了一會兒，我們又看到旁邊有一位很可愛的小朋友正開心地笑著，這個時候，我們就會跟著這位小朋友一起開心起來。

類似這種近距離的能量，就會直接性影響每一個人的精神磁場，並且使得我們與異類之間產生一種精神上的共鳴，這便是一種可見地共鳴現象，還有一種未知的無形共鳴現象，也會同時干擾著我們的精神磁場，只不過當我們用肉眼看不見的時候，只能通過靈性感知來接受多方位地共鳴現象，然而，這種無形地共鳴分佈在環境中的每一個角落。

你可曾發現，有時候有一種莫名地歡喜、有時候有一種莫名地噴怒、這種種現象皆是來自於外界無形地能量所干擾，這便是與你磁場相近的人，他同時也在釋放與你相關的正負能量，通過自然界的無形共享再傳遞到你的精神感知裡，讓你查無證據，且又真實侵入到你的思維裡，這種感應，也是一種無形人體輻射，這種輻射，則是遠近距離與你相通的共享輻射。

那麼，當我們在思考美好的同時，這個世界上與我們相關的人，會不會也能夠收到正面感應呢？這個答案是肯定的，相反，當我們在思考負面能量的時候，這個世界上與我們相關的人，也會收到負面感應，這個世界的輻射與每一個人皆是共享而同在的，當有人為你悲傷，宇宙中的部分磁場就會悲傷，當有人為你歡喜，宇宙中的部分磁場就會歡

生命的出口 | 104

喜。

當我們思考仁愛與和平的時候，這個宇宙的部分磁場同樣也會釋放出仁愛與和平的無形輻射，我們還可以做一個假設，如果有一個人天生個性豪爽大氣，那麼，靠近他的人，會不會慢慢變得比較大氣豪爽呢？答案也是肯定的，大氣豪爽的個性，自然也會共享他的無形正能量，並將其正能量共享給他周圍的人，亦或是與之相同的人身上。

我們不妨再做一個假設，如果有人經常思考仇恨、以及報復，經過一段時間累積，他所思考的能量就會達到一種極限，如此，他會不會干擾到他所思考的對象呢？答案也是肯定的，因為他仇恨的能量，已經高於對方的能量，所以才能夠干擾到對方的能量。

於是他就會把負面，且有害的能量強加於他所思考地對象身上，亦或是通過其它表達方式去傷害對方，無論經過十年、二十年、宇宙空間都無法清除這種由思維所產生地輻射，這便是人體精神輻射，哪怕是彼此距離千山萬水，對方也會受到其傷害、及干擾。

所以，當你身邊都是刻薄之人的時候，你的運氣，便會產生一些壞運氣、而當你身邊都是仁愛之人的時候，你的運氣，則會產生一些好運氣、那麼，當你身邊都是一些勤奮之人的時候，你的意志便會高昂、而當你身邊都是謙卑之人的時候，你的素養便會跟著提升、當你身邊都是優秀之人的時候，你的上進心，也將會在不知不覺中拉高，難道不是嗎？

所以，去靠近正向能量的人，你才會有好運地可能性，亦或是遠離那些刻薄之人，你才會有好運地可能性，靠近良師益友，皆有益於你長久健康地成長，你不必成為無辜地犧牲者，生命如此短暫，想要好好地愛自己，首先要學會遠離負能量，其次就是靠近正能量。

那麼，什麼才是正能量呢？正能量可以是一個人、也可以是一本書、也可以是一種精神磁場，還可以是一種溫暖的人體電流，是的，一種有溫度、一種無形地精神磁場，它可以是一段文字、也可能是一句話、然而，人類才是正能量的創作者，只有人的精神磁場，才能夠在宇宙中與之同類產生一種特殊地共享、及共鳴，且會助他朝向正確的方向思考。

然而，一個充滿正向能量的人，即便是吸納了負面能量之後，也會自動轉換為正能量，因為正負磁場相排斥，正能量如果大於負能量的時候，就會自然而然地轉換為正能量，那麼相反，負能量大於正能量的時候，也會自然而然地轉換為負能量，當負面能量過強的時候，便會干擾較弱的人、當正面能量過強的時候，這將需要一種人來完成，當負面能量過強的時候，便會干擾較弱的人，且需要你用正能量去消化所有負極干擾。會影響軟弱的人，這是一種侵略性地干擾，且需要你用正能量去消化所有負極干擾。

所以，靜心、沉思、冥想、皆有益於我們感知無形共享磁場，於是風險是可以提早預防的風險，只要你足夠冷靜去思考，早日通達睿智，一切有害能量皆會被你一一排除，知道嗎，人體就是一個萬能地加工產，你可以加工好的能量，也可以加工壞的能量，你是一

個載體，一個智慧型地載體，只要你懂得應用得當，你將會是一個懂得保護自己的人。

是的，寧靜、思考、能讓人通達宇宙感知，從而讓你得到某些智慧，讓你擁有某些基礎保護意識，這些皆是父母無法給你的保護機制，你需要靠自己的思維力量來保護自己，才不被外界的異類磁場所吞噬、侵害、所以，首先學會保護自己，而後才有能力去保護需要我們的人，所以，懂得祝福全世界，而後全世界，才會有人傳遞美好祝福於我們。

這個宇宙中的磁場都是共享流通的，我們只需要學會祝福，就會給世界帶來好運氣，當這個世界上的人都不開心的時候，你的運氣就會開始變得更糟糕，因為起源在你那裡，所以，不要去學習狹窄地觀念、及思維，那些皆不利於長久健康成長、不利於長久向外伸展，從而也就失去了做人的高度、及寬度。

如果心胸過於狹窄，就會給世界帶來壞運氣，

那麼，無關貧富，因為貧富皆是因為大環境有所差異，整體大環境決定人的思維高度，大環境決定整體命運，所以不要害怕貧窮，相信經過日後精神能量加以轉變，人人皆會變得更加強大，你只是需要一種良好地環境罷了，當你還沒有找到失敗原因之前，你會是一種迷茫的狀態，而當你找到了失敗原因之後，你會在一定時間之內強大起來，因為，宇宙道法，皆離不開公道二字、皆離不開正義二字、所以，不要看不起任何一個善良的窮人，也許他現在的能力輸於你，但是他的德行卻在你之上，正是因為如此，我們在看待他

人的時候，不能只看他人的缺點，應該多觀察他人的德行，於是，人的成敗並沒有絕對定數，成敗只有相對暫定數，因為，人人皆能夠在原有基礎上做到更好，亦或是更壞。

大智者必謙和，大善者必寬容，善待你的人，不一定是因為你優秀，而是因為他的德行在你之上，所以，不要把他人的善良當作是理所當然的事情，人這一生要知福、惜福、只有懂得感恩的人，才知道真正的幸福是什麼，懂得了天地的好，也就懂得眾生的好，懂得了眾生的好，也就懂得自己的好，善於理解天地、眾生、及自己的好，才是真有智慧的人。

紅塵修身，善用科學思考，切莫無知者無畏，因為條件比你差的人，只是環境因素所造成的結果，而條件比你好的人，也是因為環境因素所造成的結果，所以，人人皆需要努力創造屬於自己的美好生活環境，所以，人人皆需要努力培養屬於宇宙的美好精神環境。

紅塵修心，懂得謙卑自處，學會祝福全世界，遵循自然道法而成長才是最好地成長方式，他人跑在前面，我們要真心祝福、他人跑在後面，我們也要真心祝福、跑在前面沒什麼好驕傲，跑在後面也沒什麼好悲傷，因為，成長只是一種快與慢地自然規律，僅此而已。

第四章 海納百川 健康常在

一、如何才能擁有自在之心？

人生就像一本天書，這本書裡譜寫了天地之間的宇宙道法、及自然，這本書裡還譜寫了宇宙虛實之間的無限能量、及智慧，天地之所以廣大，是因為沒有人知 開天之日是何時，天地之所以神秘，是因為沒有人知 閉天之日是何時，然而，人類在宇宙之中，只不過是一種微小的小生物，僅僅只是一種在宇宙中自然而然進化而來的小生物、及細菌。

天地與命運是一本無法定義的神秘之書，需要每一個人用真心去譜寫人生的完整，然而，人與人之間的關係，也是一本無法定義的神秘之書，需要人類彼此之間用善意去譜寫它的完整，只不過在這個譜寫地過程之中，有些人寫著、寫著、就開始厭倦了彼此，而有些人寫著、寫著、卻越來越是伯樂之間了，所以，無論你我是否有認真在書寫人生這一本神秘之書，最終結果都將會注定人人都逃不掉生命提早結束那一天，是的，終點如此現實。

人類不能常生不老，前無古人，後無來者，因為從未有人完整、且正確破解自己將會是哪一天離開塵世，所以研究宇宙與自然，研究人性與生死，將會是一門神秘的科學，人

生命的出口 | 110

人類如何才能夠掌控生死大門，更是一門不可能達成的科學，人類只能研究相對性地延伸生命、維護健康、研究如何創造幸福快樂的本質、然而，人類與宇宙自然空間只是一種虛實之間的關係，從肉體細胞到靈魂深處的關係，也是從實體到虛擬之間的平衡協調關係。

那麼，只要掌握這種虛實之間的平衡協調關係，人類才能相對性地避免過早離開人世，相信人人都了解生死別離是一件極其痛苦的事情，然而，任何人都逃避不掉與這個世界別離的那一天，既然人人都知道別離是一件痛苦的事情，又為何不好好珍惜自己的生命呢？

人性之所以膚淺，在於總把自己當神一樣看待，人性之所以愚昧，在於總是認為自己還可以活天長地久，於是人類總是容易揮霍時間、揮霍感情、揮霍健康、揮霍眼前的擁有，相信那些曾經跌倒在谷底的人，大致都能明白一個道理：揮霍人生就是慢性毒殺自己，即便你不揮霍人生，生命也會慢慢地損失，那麼，我們便要更加懂得珍惜生命才是。

因為，人類不知道自己還能夠活多久時間，所以，才會愚昧到揮霍時間、揮霍感情、揮霍健康、這將是多麼痛得教訓，如果我們經常思考一個問題，思考今天是活著地最後一天，那麼，我們最想要做什麼事情呢？我相信，此時此刻，人人皆會希望人生能有返回鍵。

可惜，人生的旅程不是電腦系統，不會有鍵盤上的返回按鍵可以使用，更不會有重來的機會，所以，在有限的生命消失之前，我們是否能夠好好地調整心態，去思考人與自然、

111 ｜ 第四章 海納百川 健康常在

思考人與健康、思考人與和平、而一個經常獨立思考的人，可以從自我思維、及靈魂感知深處找到想要的答案，而你想要的答案，皆是在你的精神思維系統裡、皆是在你的靈魂感知深處。

思考健康，健康就會伴隨你、思維陽光，陽光也會伴隨你、一切美好事物，將會在思考中自然而然來到你身邊，你思考什麼，未來就會產生什麼，因為一切實物，皆是思考而來的成品，在這個物資豐富的時代，除了思考維持健康，更重要是思考如何修心，修一顆良善的心、修一顆高尚的心、修一顆有品質的心，所以，健康皆離不開紅塵修心諸多法則。

也就是說一個再有能力的人，一個再有才華的人，如果不懂得修為自己的品性，其結果也是了然一生，所以，人要修得良好的德行，才是未來的長久學歷，那麼，離開了良好的修為，皆不會擁有太多財富，包括健康財富、金錢財富、也只是虛擬、而短暫的擁有而已。

那麼，只有懂得思考長遠利益的人，才會懂得健康的重要性、只有經常思考如何修尚自己的人，才懂得如何掌控人生、及未來、要知道，財富與健康是緊密相連在一起的、健康與精神是緊密相連在一起的、精神與思維也是緊密相連在一起的、思維與心態更是緊密相連在一起的，所以，擁有良好的心態，便是人生中最大的財富，難道不是嗎？

擁有良好的心態，就能擁有健康的思維、擁有健康的思維，就能夠擁有健康的精神、擁有健康的精神，也就擁有人生中最大的財富、且能夠持之以久的擁有，那麼，以上每一相

生命的出口 | 112

個環節都很重要，少了其中一個細節，皆無法達成健康人生，所以當我們還是一個時候，務必先要調整良好心態，你才會有能力去應對這個只能依靠自己去努力的環境。

是的，我們只能依靠自己努力，才會生活地更健康、更有安全感，因為人人皆不容易，如果你知道，這個世界因戰爭已有一億之多遊民，相信你就不會再怨天尤人、再責怪生活艱難了，如果你知道，這個世界上還有無數成功人士比你還要努力，相信你更不會終日報怨命運對你不公了，所以，人的心態很重要，活著是否健康陽光，完全取決於你的心態。

善用世界觀去看待人生得失，你的思維、及心胸，就不會過於狹窄，因為一個心胸寬廣的人，思維模式自然更加飽滿、平衡、陽光、常久以往生活在這種健康模式下的人，皆會是健康的良性種子，皆會是世界的主流光亮，他不但會照亮自己的前程，他還會照亮他人的前方。

精神將會更加飽滿，一個心胸更寬廣的人，他的靈魂將會更加健康、人的思維高度決定了他是否快樂，長期只有思考小我利益的人，思維方向必將會與這個大環境漸漸地脫節，慢慢地就會形成一種封閉式貧窮思想，而這種思想將不利於成就良好人生價值觀，及世界觀，因為，生命來也無有，去也無有，生命來去皆空無，萬物皆虛無。

所以，常常以自然大道來逆向思考問題，身心則較為健康，因為，求而不得才是最痛苦的事，那麼何不試著適當放下，要知道，金錢只是一種需要，追求只是一種遊戲，而過

113 ｜ 第四章　海納百川　健康常在

於追求，則是一種迷茫，所以盡自己所能，在能力範圍之內追求，才是健康的追求方式。

有些人，即便是追求到了也不會捨得付出，這種追求將會毫無意義，而有些人，追求到了就會懂得與人分享，那麼，這種追求將會相對健康，因為人生不只是為了得到，人生更重要是懂得如何感恩與分享，我們需要得並不多，得到只是一種提醒，提醒你要懂得分享。

沒錯，人的能力是自己努力而來的，但是人的能力，也是宇宙自然大道賜於你的能力，人的能力還是大環境允許了你的能力，所以懂得感恩、分享的人、才是值得被人們所敬仰的靈魂，也只有心懷蒼生的人，才有資格享受長久的能力、以及長久的快樂。

所以，因為感恩而謙卑，因為分享而偉大，要知道，所有的追求，皆是為了最後的感恩與分享，將最美好的事物分享給大環境，從而收穫另一面的財富，這另一面的財富，可以是精神上的財富，還可以是物資上的財富，於是成功的秘密，皆是一種逆向思維模式。

在某種程度上來看，得到既是為了失去而誕生，而失去既是為了得到而誕生，用另一個說法，則是開始既是為了結束而誕生，而結束也既是為了開始而誕生，所以，成長是一個逆向回程模式，所以，即便是失去，也沒有什麼好悲傷，那麼，得到也沒有什麼好狂妄，一切得到與失去，只不過是為了更好地提醒你，你還需要更好地成長，人生只有在不

斷成長之中，才會真正融入大環境，每一次階段性地成長，都將是為了推動更好地未來，是的，我們皆是歷史裡的流沙，成長只有不斷犧牲，才會不斷再生，這是必然地規律。

那麼，生命到來便要學會感恩、那麼，得到便要學會分享，過多得到只會增加無限危機，當你得到越多，也代表著你將會失去自由與快樂越多，當你失去越多，也就代表著你將會得到成長與智慧越多，所以得失無有絕對，只要能在得失中得到智慧，便是一種超然。

當你真正了解人性的時候，你便會對這個世界失去許多熱情，當你擁有足夠地清醒之後，你便會對這個環境失去許多期待，於是學會與自己獨處，便會成為你人生中的自然而然，在與自己獨處地自然而然之中，你將會變得更加冷靜，亦或者是變得更加強大。

然而，無論是失敗的人，亦或是成功的人，都有可能步入思維兩極化的邊緣，第一種是天性變得更加狂妄，第二種則是天性變得更加貪婪，這兩種極端思維，皆不利於身心健康成長，要知道，最好的人生姿態，則是你無論成功與否，你都會將心態調整到一種平靜地狀態，在平靜中學會審視自己、審視這個環境，在失敗之後，要懂得努力學習的重要性、在成功之後，要懂得感恩分享的重要性，這便是在逆境、及順境之中，最美好的人生姿態。

是的，任何時候都應該保持最健康的人生姿態，無論你是成功，還是失敗，這些都不重要，重要的是無論人生走在哪一個階段，都要持續保持良好成長狀態，而不是在某個階

115 ｜ 第四章　海納百川 健康常在

段就宣佈停滯不前，所以，人生最好的姿態，則是不斷修為自身的德性、以及良好的心態。

良好的心態，決定了良好的德性、而良好的德性，也決定了良好的修為，然而，這種修養更需要海納百川的胸懷，沒有海納百川的胸懷，則不足以擁有良好的修為，更不會擁有美好而健康的人生。

那麼，想要擁有健康的人生，首先要擁有更寬廣的胸懷做基礎，所以，健康人生的基礎，皆屬於良好的修養，而良好的修養，皆離不開健康的思維模式，這又將回到精神系統裡的思維模式了，所以，健康的人生狀態，皆是受制於人們的內在精神思維模式。

只要你思維模式正確了，無論是成功、還是失敗，都將是一種境界的裂變，你可以在失敗中得到無盡的人生智慧，你也可以成功中得到至高的人生境界，因此，你能夠控制一切不利於思維健康的因素，你可以成為自己的醫生，只有成為自己的醫生，你才能夠百分百懂得自己，也唯有懂得自己的人，才能夠體會生命的真諦，才能夠感受人生的真諦。

那麼，人生的真諦是什麼，人生的伯樂又在哪裡？這些皆需要我們用智慧去理解它，每一個人的思維高度，皆有所不同，所以，我們在定義人生的真諦、及人生的伯樂的時候，皆會存在過大地差異化，所以，不要隨意取笑他人的成敗，也不要隨意評論他人的伯樂，這也正是驗證了一個答案，當你在譏笑他人的時候，你便已經成為輸家。

因為，人的心態決定人的高低層次，我們只能在成長中不斷完善自己、不斷周全自己、切勿因不良心態而去傷害他人，切勿因追求而去詆毀他人，時常保持一顆平等心去看待人、事、物，力求在不主動攻擊他人的情況下，合理守護自己的權益，這便也是有德之人。

獨善其身，獨善其心，要做到知是非、明黑白的道理，這個環境有黑白，有是非，就會有善惡，要做一個有原則的人，更要做一個有雅量的人，做一個知進退的人，更要做一個懂得感恩分享的人，這人生修得是一顆心，一顆懂自己，也懂世界的心。

只有懂得照顧自己的人，才會懂得如何去照顧好他人，換一個立場思考問題，就不會處處都看不順眼了，人人皆凡人，人人皆會犯錯，除非他違背了人道主義，但是也無妨，違背了人道主義的人，必將會受到人道的處罰，而違背了天道的人，自然也會受到天道的懲罰，要知道，萬物相生相剋，大道自然有所章法去制裁那些違背的因果。

所以，用明亮的眼睛，去看透世間的迷茫，用寬廣的胸懷，去理解塵世的悲喜，也有分享和付出，何不為自己鋪一條健康之路，這一路上將會有理解、有平等、有感恩、

二、與自己好好相處，才能夠與世界好好相處

獨立思考，獨自成長，這是人生必然地成長方式，然而，更多是要學會如何與這個世

界好好相處，你我皆是孤獨者，你我皆是環境的產物，只有懂得與自己好好相處的人，才有能力與這個環境好好相處，在獨處中靜思己過，在獨處中，你將會蛻變，在蛻變中，你將重生，在重生中，你將遇見最美麗的自己，從而也將收穫最美麗、最健康的人生。

人生是一個減法行程，這一路的成長，越是成熟時，越是低調、越是豐盈之時，越是簡約、當你品嘗了塵世的酸甜苦辣，你便不再留念人間繁花似錦，當你明白了人性的爾虞我詐，你便不再需要過多錦上添花，這便是人生成長地自然減法規律。

那麼，人生的伯樂在哪裡，人生的伯樂皆在你我的思維裡，沒有過多屈膝承歡、及迎合，只有真誠的言語、及感動，要知道，人生哪裡會有盡人意的伯樂呢？有得只是彼此靈魂上的陪伴，唯有彼此懂得、唯有思維共鳴、唯有靈魂交替、才是彼此真正的伯樂。

伯樂是建立在靈魂之上的知音，伯樂也可以體現在思維之上的共鳴，沒有一定需要擁有才叫伯樂，伯樂也可以是自己，是的，伯樂可以是一種悅己，伯樂還可以是一種悅他，但是不一定需要擁有他，只需要真誠認可他、欣賞他、這便是伯樂之間的妙不可言。

你我皆可以成為自己的伯樂，當你在獨自思考時、或者是當你在獨處時，這些時候，你皆可以成為自己的伯樂，因為只有在這個時候，你才最了解自己，也只有在這個時候，你才清楚自己要得是什麼，而伯樂，既是知了、也是懂得、伯樂還是知道、也是明白。

生命的出口 | 118

伯樂可以是明白自己，也可以是明白他人，明白了他人，才會與他人好好地相處，明白了他人，才會與自己好好地相處，明白了自己，伯樂也是知道、及明白的意思，然而，人生唯有知道了、明白了、才是精神思維裡最有意義的事情，因為，只有懂你的人，才是你的伯樂啊，所以，這個懂你的人，可以是你自己、也可以是他人。

俗語說人生得一知己足矣，只要擁有伯樂，人人皆可以得到一名知己，於是人人皆是最富有的人，因為有了人生的伯樂，所以人生無缺、所以人生無憾，那麼，伯樂只在思維與智慧之間誕生，擁有伯樂者，既是擁有整個精神世界、既是擁有獨特智慧、及境界也就是說，人生可以成為自己最大的精神財富，人人也皆可以成為他人最大的精神財富，這便是生命存在的神秘之處了，也是生命最有價值之處了，你可以將生命的神秘獨自擁有，還可以將生命的價值分享於他人，那麼，便會有一個答案了，人生最大的富有，皆是來自精神思維上的富有，人生最大的擁有，也皆是在伯樂之間的擁有。

那麼，人生又何來貧窮呢？相信你我皆會富有的存在，只要你將思維模式打開，與自己好好相處，與環境好好相處，人生便不再有貧窮，人生只有進階思維模式，人生只有伯樂之間及彼此擁有，於是孤獨者、並不孤獨，然而，人生最好的狀態，便是能夠獨處、也能夠共處、能夠感動自己、也能夠感動他人，這便是一種極高的人格魅力的體現。

能夠感動自己的人，皆是悅己之人，能夠感動他人，無論是感動自己還是感動他人，皆會有利於身心健康平衡，易言之，一個懂得欣賞自己的人，他會是一個幸福的人，而一個懂得欣賞他人的人，同樣會是一個幸福的人，那麼，無論是悅己還是悅他，都將會擁有良好而健康的心態，從而也會擁有健康而良好的人生姿態了。

這人啊，不能只有欣賞自己，適當也要懂得欣賞他人，如此才是更健康的心態，只有悅己，而不悅他的人，只能稱之為是自戀了、只有悅他，而不悅己的人，只能稱之為是自卑了，難道不是嗎？然而，我們首先要有足夠的自信，才能夠與這個世界好好相處，連基礎自信都沒有，那麼，也只能是一個自卑的人，這便需要做好身心調整了。

自戀的人在思維上過於驕傲，而自卑的人在思維、及能力上，又過於懦弱，這兩種表現皆不利於身心平衡發展，也不利於健康成長，長久以往，便會形成精神上的一種疾病，若是能與他人好好相處，便不會過於驕傲，若是能與自己好好相處，便不會過於懦弱，唯有達成這種精神上的平衡，才能夠健康而陽光成長，從而不被疾病所干擾。

所以，想要健康的身心平衡，首先要學會與自己好好相處，而後才能夠與他人好好相處，然而，獨處是一種能力，是一種能夠控制自己與環境的能力，那麼，一個能夠控制心情的人，同時也能夠控制好自己的人生，這已是不爭的事實，且人人皆要珍惜獨處的好處。

獨處，既是獨自管理人生的基礎，這個基礎就是修為自己的脾性，控制好自己的脾性，這是最不利於健康成長的一方面，人生得失又何妨呢？不如讓自己靜下來，先與自己好好相處、相處，或許你會發現，有另一個更強大的自己，或許你會發現，還有另一個更優秀的自己。

要知道，你的心若是亂了，這個世界便也就亂了，所謂境隨心轉，也就是這個寓意了，只要你能把心好好地靜下來，這個世界，便也安靜下來了，心若是亂了的人，他自然也就心隨境轉了，然而，心隨境轉的人，也就更容易隨波逐流了，而一個隨波逐流的人，便更容易失去自我中心思想，更容易迷失人生的方向。

那麼，人生成長的方向，則是從心隨境轉、演變成境隨心轉的過程，於是，能夠做到境隨心轉的人，皆不會被環境所誘惑，諸如此類的人，皆是思維之上的領導者，皆是能夠控制自己脾性的人，能夠控制自己脾性的人，自然也就不容易與他人之間產生嫉妒、或衝突了，那麼，這類人，也更不會主動去傷害這個環境中的任何人了。

人生如夢，夢如人生，來來回回，話題又一次回到了修身、修心的境界了，那麼，獨處與自我控制脾性，皆是修身、及修心之妙處了，能夠掌握這兩點的人，皆是擁有一定理性的人，更是能夠掌控自我人生的人，也是擁有基礎修養的人，更是懂得尊重他人，

121 ｜ 第四章　海納百川 健康常在

因為，一個懂得善待自己的人，同時也會懂得善待他人，一個擁有高尚品德的人，那麼，無論是自我內在的善待，還是環境外在的善待，二者皆會對修心極為重要。

能與自己好好相處的人，自然也是一個懂得善待環境的人，同時也能夠善待這個環境的人，從而一個懂得善待自己的人，自然也會是一個擁有高尚品德的人，那麼，無論是自我內在的善待，還是環境外在的善待，二者皆會對修心極為重要。

內在善待，皆是指一種精神上的善待，而外在善待，皆是指對環境的善待，所以，越是刻薄自己的人，同時也會刻薄他人，然而，越是尊重自己的人，同時也會尊重、及愛護這個環境，這是一個相關聯的邏輯推理，換一個說法，則是一個懂得照顧自己的人，同時也能夠照顧好他人，而一個不懂得照顧自己的人，根本不可能懂得如何去照顧他人。

那麼，首先學會照顧好自己，而後才會有能力去照顧好他人，那麼，首先學會尊重自己，而後才會懂得如何去尊重這個環境、及他人，歸根結底，修為人生，修為美德、及品性，皆是為了利於這個環境的平衡，要知道，利於這個環境，也就是利於你自己。

然而，真正的付出是不需要回報的，如果付出只是為了回報，皆不會有好結果，如果付出是為了利他，因此，付出而不求回報，才會有好因果，所以，越是舍得，越容易得到、越是吝嗇，越容易失去、因為，大道至善、大道至簡、人的思維越是簡單，生活越是豐富，那麼，凡事往好的一面去想，才會收穫好的生活品質，反之，則會累積諸多不健康。

如果你的內心不想付出，那麼，就不要付出，既然你選擇了付出，就要無怨無悔，非常認可這段話：難過是因為你還不夠成熟、生氣是因為你還不夠大度、嫉妒是因為你還沒有能力，當你獨自從痛苦中走出來的時候，你就不再感覺難過了，當你從反思中覺悟的時候，你就不再心胸狹窄了，當你從逆境中站起來的時候，你就不再嫉妒任何人了。

人生的成長過程，皆是與自己內心的一場對決，你只有考驗過了自己，也就考驗過了人生的喜怒哀樂，學會與自己好好相處，做一個隨時提得起、放得下的人，從而人生沒有過不去的坎，天大的事情，只要你能夠拿得起、也放得下，便就會萬事，皆無障礙。

那麼，活著有什麼事是放不下的呢？答案自然是一個人的責任了，無論你的修為有多高，你最終還需要對自己負起一定的責任，所以，沒有絕對放下，只有相對放下，最終我們的靈魂還需要與自己好好相處，而後才有良好的美德、及修為，難道不是嗎？是的，最終我們還需要對自己負起絕對責任，那麼，學會與自己好好獨處，窮則獨善其身，達則兼濟天下之說，所以，紅塵修身、及修心、及修為，才是健康人生成長中最重要的事情。

三、為什麼要培養自我協調能力？

想要得到別人的尊重，就必須修為好自身內在德性，有能力固然是一件好事，但是沒

有良好的修養做為奠定基礎，就算有再大的成就，最多也只是圖個虛名虛利而已，過多地貪婪、及慾望，只會帶給人類不健康的精神負荷作用，常久會引發惡性心魔，我們不防評估一下自己的野心到底是良性的，還是惡性的，這件事情對於平衡精神內在相當重要。

任何事情的對立，都如同腫瘤一樣有著正反兩極化的作用，良性與惡性的行駛方向，則是截然不同的結果，一個往生，一個往死，生與死，則是一個結果顯示，也只是一個數據統計，毋庸置疑，每一個人都將會走向結束的那一天，唯一不同之處，則是享受了這個過程的全部，所以，結果不重要，享受過程才是最重要的，這便是正確人生觀視角。

是的，結果不重要，認真享受過程才是重要的，因為所有的人都會離開，去往我們不知道的另一個世界，我們唯有在有生的日子裡盡力享受屬於自己的短暫時光，因為，生命沒有重新來過的機會，那麼，應該要如何厚待自己，才能盡情享受美好人生的過程呢？

無論貧富，無論殘缺，活著又要如何保持良好的生存姿態呢？這將是每一個人最重要的事情，更是值得我們去深思的問題，人生絕無回頭之路，可嘆得是既然已經來到了，卻還要再離開這裡，那麼，好吧，唯有坦然悲歡離合，唯有看淡喜怒哀樂，看清生死來去的本質，你我都將在這個過程之中演繹屬於自己的悲歡離合，都將會營盡自己的喜怒哀樂。

既然知道生命來到這裡，皆只是一個過程，何不維持一種平靜、試著縮短人生，人生

只是經過了四天，便是春夏秋冬，試著縮短心情，心情也只有四種，便是喜怒哀樂，我們能夠感受到這四天裡的冷暖總在無聲中漸漸交替，讓我們在知覺中成長、融入季節，我們還能夠感受到這四種心情總是在無形中悄悄變化，使得我們在知覺中成長、蛻變完整。

當你的黑頭髮已變成了花甲，當你從曾經的無限熱情，裂變成沉默寡言，當生命歷盡了滄桑之後，一切發生和結束，在你眼前都會顯得特別平常，這便是成長蛻變的結果，這個結果既是不折不扣地將人生的姿態拉低，使得人們不再心高氣傲、不再狂妄自大。

時光將會撫平你我身上的稜角，時光將會讓我們學會包容、懂得珍惜，當你學會了包容和珍惜，你的胸懷就會比天地還要更寬廣，你就會自然而然地放低姿態、放低音調、放低貪婪、及嫉妒之心，你會在不健康的慾望之中逃脫出來，便會調整出一個更好地生存姿態，這個生存姿態，將是你前所未有的驚喜，這個全新的生存姿態來自你的胸懷、及能力。

是的，這個是一種胸懷、及能力彰顯，也是一種協調能力，有了這種自我協調能力，你便是一個健康陽光的人，反之一個沒有自我協調能力的人，便是一個弱者，也就是一個精神內在不健全的人，生命賜予我們擁有獨特精神協調能力，當你覺得痛苦的時候，你就要善用這種自我精神思維協調能力，讓自己在短時間之內解脫出痛苦。

人人皆會成為自己的導師、及醫師，你必須學會平衡得失、平衡善惡、平衡黑白、因

125 ｜ 第四章　海納百川 健康常在

為成長，只有在不斷自我協調平衡之中，才得以健康，從而你的心智將會不斷強大，你在鍛鍊中找到屬於自己的堅強，你會在自我協調中找到生命的曙光，你還會在不斷平衡心態中擁有健康的身體，收穫人生最大的財富，然而，唯有健康，才是你永久的財富。

可以這麼說，無論是修行，還是追求，這一切皆離不開健康，沒有健康的精神內在，皆無法正確修行人生，也只有健康的靈魂，才有資格去追求人生的至高境界，才有資格去享受人生的至高境界，才有資格走得更長遠、更久遠。

道法自然，一切法度皆在情理之中，一切法度皆在個人修為之中，你看世界有多大，世界就有多大、你看宇宙有多大，宇宙就會有多大、你看自己有多大，自己就有多大，所以，道法皆是由心而起，由個人內在思維而去定義的法度，所以，不同的靈魂，站在不同角度來觀察事物的特徵，皆會是截然不同的結果。

既然如此，我們何不豁達對待人生呢？你看山河婀娜多姿，百花爭艷，凡塵中呈現美不勝收的景色，你我皆在不設防之間來到這裡，又在悠悠然之間離開這裡，曾幾何時，忘了來時的路，又在恍然之間偶遇這寶島美景，是經過、是結束、也或許是開始，忽見這寶島別樣，心有幾分感動及美好，於是，便做了一個歸零，也唯有歸零，才能真正涉入這美景。

是的，紅塵陌路，學會及時歸零，只有歸零之後，才得以胸懷廣博、才得以思緒清新、

生命的出口 | 126

才得以重啟美好，才得以無限延伸、你會發現歸零之後的思維、及靈魂的相遇，這相遇，將會是一種神秘和重生，當你的靈魂得以重生，無論曾經成敗與否、殘缺與否、這些都將不重要了，重要的是現在有一個全新的你，正在迎接，由你自己精心設定好的未來。

要相信，生活任何時候都可以如詩如畫般呈現，而你任何時候都可以成就自己海納百川的格局，因為，格局是自己培養出來的格局，而生活，也是由自己精心創造出來的生活，所以，不要害怕貧窮與殘缺，只要懂得順應自然、健康思維、科學平衡人生觀、價值觀、世界觀，你就會發現，貧窮與殘缺，皆是為了成就你而來，你將會在逆向思維中找到答案。

是的，唯有懂得逆向思維，才能夠看清事物的反面是什麼，你將在殘缺之中覺悟，你將在失失敗之中站起來，從而會拉高你的人生格局，從此生命將在健康的海洋中遨遊，無論春夏秋冬、無論喜怒哀樂、一切人間冷暖，皆無法再干擾到你，這便是覺悟之後的美好。

覺悟的靈魂，將會擁有寬廣的情懷，將會擁有海納百川的格局，此時你將會看山是山，看水是水，看人生皆大歡喜，你不再被任何人與事牽制，你的人生由自己做主，而下一程，你只會取悅自己，學會取悅自己，才能體會人生的真諦是什麼，你無需過多迎合他人，因為生命的到來，不是為了迎合他人而來，生命的到來，皆是為了取悅自己而來。

一個不懂得取悅自己的人，思維與靈魂，皆會是空洞而無實的存在，唯有創造屬於自

己的價值,唯有擇自己喜歡的事,才不辜負自己的靈魂,生命的價值,將會變得有所意義,是的,生命要有所價值,才來得有所意義,那麼,什麼才是生命的價值呢?

生命的價值,皆是被人所需要的價值,生命的價值,還是學會如何取悅自己、實現自己的價值,那麼,人生便會有所方向了,而目標就會有所明確了,生命也不再空洞存在了,凡事記得要找一個正確的答案,在這個正確的答案之中學會改變自己、修為自己、經過時間的推移,相信人人皆能夠修得好品性,相信人人皆會是人間值得。

那麼,人生的價值,貴在來得值得,貴在有所價值,所以,不要害怕付出,不要害怕貧窮,不要害怕殘缺,只要是正確的事情,都值得我們去做,在不傷害他人情況下所做得事情,皆是屬於正確的事情,前提是以不傷害為基礎,這樣便會有一個答案了,想要更健康的活著,要去做正確的事情、要去做值得的事情、還要說正確的話、還要說值得的話。

是的,成就良好精神生活品質,需要我們去做正確的事情、去做值得的事情、所以成年人要懂得尊重他人的選擇,不要總是想要左右他人的選擇,哪怕是你自己的孩子、以及父母,每一個正常人都有自己想要得生活模式,所以不要用自己的標準去衡量他人的生活。

所謂,窮人不窮、富人不富、就是這其中的寓意,窮人之中也有高尚的靈魂,而富人

之中也有卑微的靈魂，這又更加說明，不要用金錢與物資去衡量人與人之間的高低層次，我們只需要在原有的起點，再修到更好的自己，便是健康的精神思維，便會擁有健康的人生。

是的，人生沒有高低之分，人生只有健康與不健康之分，無關貧富、無關殘缺，只要你擁有健康的靈魂，你就是世上最富有的人，無論你的起點高低，你都會在平凡道路上找到最有價值的人生，且是一個健康而陽光的使者。

上天賜給每一個人都有機會擁有幸福的權力，了解幸福的本質，只要你用心去思考陽光在哪裡、健康在哪裡，只要你學會平衡精神內在的極端，要知道，來到這個世上，人人皆是殘缺的，這世上不會有完美的人，這世上只有不斷完善的思維，只有不斷健康的成長，只有不斷強大的心智，換言之，只有一直在成長進步中的生命，才是幸福、而富有的生命。

是的，只有一直在成長中的生命，才是最健康的生命，離開了成長的生命就不會擁有真正的健康，這包括身體成長、思維成長、格局成長、靈魂成長、從而健康的成長過程，則是一個全方位的成長過程，健康不能只有追求單方向的成長，比如當你在追求金錢的同時，請不要忘了還需要提升個人素養，軟硬之間需要協調得當，才會擁有健康的人生價值。

129 ｜ 第四章　海納百川 健康常在

換一個說法，則是內在美與外在美，皆要兼得，才會擁有正確的人生觀、價值觀、以及世界觀、所以，不要總是呆在狹窄的精神思維裡無法走出來，這將不利於健康成長方向，善於觀天地、善於觀眾生、善於觀自己、善於以大我情懷去欣賞這個世界、善於以平等的胸懷去對待他人、你將會擁有陽光、且健康的人生，以及海納百川的大我格局。

那麼，試著讓你乾淨的靈魂真正融入這個自然大道、你才會擁有真正健康的精神及身體，而自然大道，所指得是萬物平等，自然大道，還指得是萬物平衡、用平等心去接納這個世界的不同之處，從而人生皆是為了解決問題而努力，因為，只要活著便是一個大問題，我們只有不斷解決人生中的問題，才能更好地成長，然而，逃避問題，皆不利於健康成長。

是的，你還會發現一切都不是屬於自己的，只有你的靈魂，才是屬於你自己的伯樂。

是的，什麼都不是屬於自己的，我們活著，只是在解決生活中的問題，你的問題是大問題，還是小問題都需要去認真解決，要知道，問題的存在，皆是為了解決它，而不是為了逃避它，從而人生皆是為了解決問題而努力，因為，只要活著便是一個大問題，我們只是，逃避問題的態度，皆不利於健康成長，人生唯有面對，且要勇敢面對困難、及問題，才能為自己開拓出一條陽光大道、及一條健康大道，青春是一個容易逃避的年齡，當你成長到一個階段的時候，你會發現，你以往所逃避過的問題，並沒有人去為你解決，

生命的出口 | 130

無論你把這些問題擱置了10年、20年、還是30年，這些問題一直等著你去解決它。

這聽起來是不是很可怕的事情呢？是的，逃避問題是一件非常可怕的事情，無論經過多久時間，你都必須要去解決這個問題，你的人生才會明朗化，你的身心才會得到健康，所以，雖然你在不斷歸零自己，但是曾經的問題，也一直都還存在，且還需要你去解決。

所以，任何時候都要勇敢面對問題，並想辦法解決問題，要相信自己，雖然人人皆平凡，還是30年，你都要想辦法去解決這些問題的存在，所以，要相信自己，雖然人人皆平凡，皆能成為解決問題的智者，無論是大問題，還是小問題，都將會是你骨子裡的責任與擔當。

不要害怕，要知道，當你的生命中出現大問題，那麼，你便會是一個大才，當你的生命中出現小問題，那麼，你便會是一個人才，無論你的問題是大問題還是小問題，這些問題都是為了成就你而來，想要在平凡中開拓出一條屬於自己的陽光大道，你就必須接受這些問題，並想辦法去解決這些問題，要知道，生活就是一個大問題，只要活著就會產生問題，我們只有不斷地去解決各種問題，在解決問題的同時，也將會收穫一種能力，而你解決問題的能力，能讓你變得更加強大，於是問題的反面，皆是為了鍛鍊你的能力，因為，一個勇敢面對問題的人，並解決問題，唯有如此，你才會擁有更陽光的人生，一個擁有大格局的人，從而一個善於解決問題的人，才是一個真正的強者、及協調者。

131 ｜ 第四章　海納百川　健康常在

四、宇宙之大，無須自尋煩惱

是的，一個善於解決問題的人，才是一個真正的強者，強者身上的標誌是不逃避，因為他們知道問題放置多久都還會是一個問題，即便是經過了幾個世紀，這個問題還是存在，還是需要人類去解決，所以，一個善於解決問題的人，他的人生必定是明朗而陽光的，反之一個總是逃避問題的人，他的人生必定是不堪、且失敗的。

那麼，人生中什麼才是大問題，許多人都知道健康與否才是大問題，因為有了健康便會有了一切，失去健康、等於失去正確人生觀、價值觀、及世界觀，沒有了健康的精神，便會失去健康的身體，沒有了健康的身體，便會失去生命，如此，生死便是人生中的大事。

苦海人生，最終只有生死最能讓人嗤之以鼻，所以，研究全方位的健康人生，才是人生中的大問題，如何修煉自己成為健康的載體，才是人生中的大事，我們知道，人生的盡頭是生死，而生死的盡頭是自然，自然的盡頭，則是宇宙道法，那麼用宇宙觀去思考問題，人的思維便不再那麼狹窄，而在宇宙面前人類如同一般螻蟻，也許連螻蟻都還算不上。

既然在宇宙面前人類什麼都不是，那麼，人類又有什麼好痛苦的呢？試著用宇宙觀去看淡生死、看淡得失、看淡殘缺、也許本就不完美的你，將會變得更加知足、快樂、正是因為這種遠近之間的平衡法，你才會收穫健康的精神內在，當你看見了最大的宇宙，回頭

再看看最小的自己,你便學會科學平衡了內在,這種平衡感,便是一種無我、及謙卑感。

科學平衡法能讓你認清自己的渺小之處,知道自己的能力是有限的,如此才會變得更加謙虛,也少了幾分狂妄和焦躁感,要知道狂妄和焦躁感,皆不利於健康內在平衡,這些皆是影響精神健康的隱患,根除這種狂妄、及焦躁感,試著經常與宇宙對話,經常與自己對話,才不被現實中眼花繚亂的霓虹所迷惑,如此,你便做到了自控、及平衡的能力。

然而,紅塵修心,修得是一顆健康的心、謙卑的心,你若不健康,看人生皆是仇恨、你若是健康,看人生皆是感恩、但凡是吃盡了人生苦頭的人,有些人學會了感恩,而有些人卻學會了怨天尤人,你將選擇朝向哪一個方向行走,也便是選擇了人生的大致成敗。

自控能力就是自我協調能力,擁有這種能力,你便是一個強者,還是一個健康的強者,苦海人生,只有自己才能夠解救自己,只有自己,才知道自己所行駛的方向是正確的還是錯誤的,在歷經人生的磨難之後,你是否學會了包容、學會了放下,這對未來非常重要,因為只有學會了包容、及放下,你才會走出抱怨的誤區,因為,抱怨只會拉你掉進萬丈深淵,人類最可怕的事就是抱怨,抱怨命運、抱怨父母、抱怨身邊的仇人,與其終日抱怨他人,不如抱怨自己,只有抱怨自己,才會找出自己的問題在哪裡,如果抱怨他人,便只能找出他人身上的問題,然而,只有在自己身上尋找問題,才能真正成就自己。

因為能力不足，所以容易抱怨，因為所求過多，所以容易抱怨，要知道，人的能力是有限的，然而，任何事情都需要不斷累積之後，才會有所結果，因為宇宙有因果的存在、有規律的存在、所以無須過分責怪自己的能力不足，也無須過分抱怨命運不公，只要我們還在用心學習、還在反思自己，便已經是極好地成長方向了，所以，成長皆不可操之過急。

想要更陽光的成長，過於苛刻的人，自然也是不健康的人，生活何須過於苛刻自己、苛刻他人呢？又好比過於勤勞的人，那叫操勞過度，而過於節儉的人，那又叫刻薄，也就修得健康的身體，皆離不開科學平衡，皆離不開宇宙自然道法，只要修好一顆心，事過猶不及，然而，水能載舟，也能覆舟，唯有將得失取捨自如，生命才得以平衡伸長。

是的，生命需要健康伸長，生命需要更陽光的成長，人生苦海，要如何才能健康而陽光的成長，才是人生中最大的問題，也是人生中最大的事情，然而，細節決定了成敗，細節決定是否健康的關鍵。

細節可大於宇宙，細節可小於細胞，我們思考的每一個細節，都將會產生一種效應，而這種效應決定了精神的好壞，你若是思考快樂的往事，你此刻便會是一個快樂的人，所以，是你的思維決定了你是否健康、是否陽光、同樣的道理，你的思維方式，也將決定了你的細胞是否平衡、是否協調。

當你在這個現實之中受盡了精神的折磨、當你經歷了無盡的悲傷之後，你的臉上就會很難再出現燦爛的笑容，你的心情，皆由著你的心臟，連接著整個血液系統，你的血液，連接著整個細胞組織，所以情緒能夠左右心情的好壞，心情好壞能夠左右心臟健康與否，這也便是一個傷心過度之人，為什麼他的心臟更容易窒息的原因。

那麼，平靜如湖的心情，自然也會是一種養心的境界，從而減少了心臟過多負荷作用，過於開心也不好，過於悲傷更不好，唯有保持一顆平常心、保持一顆平靜心，才能讓心情更加穩健、更加平順，從而更穩健的心情，自然也有遠離疾病的可能性。

沒有平靜的心情，也就無法正常思考，無法正常思考，也就不能健康生活，那麼，我們不如從身體裡微小的細胞來思考，再連接到心臟，再由心臟無限延伸到整個身體，再由整個身體連接到整個宇宙，閉上雙眼、張開雙手深呼吸，原來我們皆是宇宙的孩子，是宇宙供養著每一個孩子，無論你是殘缺的孩子，還是健全的孩子，宇宙母親從未嫌棄過任何人。

是的，宇宙母親從未嫌棄過任何人，她賜給地球上所有人以平等的呼吸，平等的春夏秋冬，平等的黑夜白晝，她一如既往、從未厭倦過任何白天和黑夜，她從未厭倦過任何冷暖，她是如此平靜、無波瀾，她是如此包容、且博愛，她是人人皆應該效仿的健康存在，唯有學習宇宙母親的平靜、無波瀾、無波瀾，才能夠得到身心上永久的健康、永久的平衡。

135 | 第四章 海納百川 健康常在

於是，只有平衡的載體，才會有永久的存在，及健康，那麼，多個平衡的載體，可以是一個無限的宇宙，也可以是一個健康的組織，還可以是一個完整的身體，生命在自然平衡中才得以健康生存下去，而人類，若是失去內在平衡細胞組織，也將會失去健康的身體。

那麼，宇宙何其之大，人類何其之渺小，生命的週期，又何其之短暫，明知如此，你我又何必不斷在辜負自己的人生呢？生命既然來到這個世上，不如好好珍惜眼前擁有、及存在的每一天，試著平衡協調正負兩極化地干擾，而後再試著清除兩極化地干擾，唯有如此，生命才能夠健康存在、陽光成長、精神並能夠無限延伸、無限進階、無限美好。

學會清除正負兩極化地干擾，才能夠學習如何取悅自己，才是生存之王道，不必過多去迎合他人，也不必過多去排斥他人，因為不同環境造就出不同種族、不同教育、以及不同需求，你若需要什麼，那麼，你就努力去追求什麼。

當然，追求應該在合情合理的範圍之內，你若需要什麼，那麼，你就努力去追求什麼。

當然，追求應該在合情合理的範圍之內取悅自己，懂得凡事量力而為，這才是最好的養心、及養身方向，一切不合常理地霸佔，及索取，皆不會給我們的身心帶來平衡與協調。

因為，霸佔和索取，皆是屬於狹窄的靈魂所為，而捨得和奉獻，才是屬於偉大的靈魂所為，所以，撥開那層遮住了美麗靈魂的雲層、及迷霧，你便不再被狹窄，及自私所控制，

然而，美麗的靈魂，只能匹配健康的精神思維，否則，不足以稱之為美麗的靈魂。

靈魂應該是乾淨、且美麗的存在，學會取悅自己，你便會擁有更加乾淨而美麗的靈魂，試著把沾滿俗氣的塵埃清理乾淨，尋一處安靜地所在，讓心情回歸於萬籟俱寂般的平靜，靜下來仔細聆聽你的心跳聲，靜下來仔細感受你的心與靈魂之間如何默契，在這種無聲地節奏下，你的想法會是如此簡單、乾淨而美好、因為此時，你正在取悅你自己。

取悅自己，可以歸納為養身、養心、調節內在精神平衡，也可以歸納為治療、調養、平衡協調內在精神系統，你的取悅範圍，可以大到蒼穹、小到細胞，聽起來似乎有些科幻奇妙，而事實上，我們的生命無時無刻都在自然與科學之間周旋、且裂變，因為我們是宇宙的生物，我們只能夠在自然與科學之間進化，才能夠攝取更多精神營養、及無限智慧。

那麼，讓健康思維去連接宇宙外太空的空曠，讓思維去連接整個大自然的一切美好，讓靈魂去連接自然的陽光、藍天、高山、湖泊、海洋、花草、以及動物和人類，你會知道自己真實存在著，你會發現靈魂無須過分複雜化，只要放開眼界、打開心胸、讓靈魂去觸摸到宇宙大自然的美麗、及協調之處，你便會成為一個乾淨的存在體、成為一個美麗的存在體、成為一個仁慈的存在體、成為一個可愛的存在體、當你的靈魂開始變得可愛、良善、且陽光之後，你便會是那個擁有海納百川、仁義道德、且健康富有的存在者。

第五章 以人為本 以善為藥

一、什麼才是醫治所有疾病的良藥？

想要成為一個健康的人,就必須以人為本,既是任何時候都把人的性命放在首位去思考問題、去處理問題,而不是總把利益放在首位去思考問題,相信這對大多數人都是一件很困難的事情,因為人活著不能離開利益,但凡是離開了利益,人就會失去相對安全感,所以,絕大多數人在面對人與利益的抉擇面前,都會先選擇靠近利益的決定。

然而,做出靠近利益的選擇之後,大多會形成一種惡性因果,但凡是以人為前提而所做出的選擇,大多會形成一種良性因果,這只是需要些許時間來呈現結果罷了,當然,索求利益者,皆會做出利益之上地選擇,而信仰人道主義者,皆會做出以人為前提地選擇。

宇宙中的因果,一直都是正反兩極化的存在,也是一種極端的存在,這需要一個中心點來平衡,才得以轉換因果,比如當你受到了某人的傷害,就會出現另一個人來保護你,於是,因為這個人的出現、及存在,讓你的傷害也減輕了許多,所以,只要你稍加轉換一下,那麼,這個傷害就會變成另一種形式的得到,只是需要你的思維來進行轉換而已。

生命的出口 | 138

於是，傷害的反面，則是一種收穫，一段結束，便是一個開始，紅塵修心，學會在得失之間平衡內在困惑，於是再多困難，也不會打敗你前行的鬥志，要知道，人的思維系統，便是一個治療系統，只要你善於平衡得失、善於解讀因果，你就有能力控制人生的全局，且會是勝利的全局，這裡的勝利不是指打敗他人，這裡的勝利是指減少犯錯的機會。

解讀因果就如同下棋，凡事不要都以惡性角度去解讀所有災難，無論是傷害、亦或是得失、如果解讀方向錯了，那麼，全盤人生將會是混亂不堪，如果解讀方向正確了，那麼，全盤人生皆會是暢通無阻，然而，錯誤的解讀，皆是因為思維上的一種自我設限。

那麼，以善為前提而做出的選擇，皆不會錯到哪裡去，因為思考方向，皆背離了惡因，所以，便會遠離惡性因果，最終，人的本性還是應該以善為前提做根基，以人為本而去思考的方向，才是屬於正確的方向，既然如此，人類為什麼不試著以善為藥、和平共處呢？

答案是可以的，只要你能用陽光而正向的心態，去做出正確的思考，只要你認為是善的方向，皆是值得選擇的方向，幾千年文學、及文化底蘊，皆離不開一個最主要的根基，那便是善根的基因存在，人類能夠延續到如今的盛世榮華，也皆是因為有了善根的存在。

是的，善是一種根基，是一種人類離不開得基因根基，這個基因根基，便是所有人類身上的基因延續，無論你是哪一個顏色的種族，皆會離不開善的基因延續，這又就好比陽

光、空氣、水分、對於生命的延續而言，皆是如此重要得必須品，那麼，想要更久遠地延續生命，就必須要延續善良的基因，這將會是人類最值得、最美好、且無限延伸的美德。

良善、厚道、仁愛、忠義、這些美德，皆是弘揚人類長久基因的佳話，古往今來無數英雄烈士所演繹地故事當中，皆離不開這些善的基因，是的，非常確定，人類不能失去這些美德，包括任何人都不能離開這些美德，但凡是偏離了這些美德的人，皆會得到惡性的因果，將會萬劫不復、且無法更改惡性因果輪迴、及干擾，這將會讓人嗤之以鼻。

那麼，多多行善積德、弘揚美德、才能慢慢地解決惡性因果、這是改善不良基因的唯一法則，相信天道一直都是良善的存在著。然而，道法自然，萬般皆因果、萬般皆善惡所致，生命只要存在就會有善惡，人類只要活著，便要在善惡之中協調精神內在、便要在因果之中平衡正確方向、便要在對錯之中不斷完善進步，這便是上文中的自我協調能力。

有了這種自我協調能力，也就擁有了抵抗邪惡力量的能力，同時也就擁有了自我康復的機制，只要是在自我承受之內的傷害，你都將有能力自動化解這些傷害，同時並會新增更完善的保護機制，換言之，當你有足夠能力去化解傷害，並轉換傷害為自身有利的價值，你便會擁有大多數常人所沒有的能力，你的自我康復機制，將會是一個人體治療系統。

如果你能夠將惡性種子抑制住，你便會是一個極度自律的人，盡力做到以不傷害他人

為前提而佈施的行動，才能稱之為正確的方向，又比如即便你非常想要得到一個東西、或者是一個人，但是那不是屬於你的東西，你便要學會尊重自己、尊重這個東西、或是尊重這個人，因為，是你的東西，你將拿得當之不愧，而不是你的東西，你將會拿得遍地因果。

這並非是玄虛論，這是科學的盡頭，科學的盡頭是智慧，科學的盡頭還是因果，要知道因果不可改，無論你多麼想要得到這個東西，都不可強迫性得到，能夠控制這一點的人，皆是善的使者，是你的東西絕對不會跑掉，不是你的東西，強求而來也不會快樂，尊重你的人格，懂得知足常樂，才是人生美好的修為，才是至高的人生境界。

知足常樂不是讓我們不再追求，知足常樂是教會我們要在知足中合情合理地自然追求，能夠做到這一點，便會是一個內心極度健康的人，反之便會是疾病累積的起源，不要去羨慕那些偶像劇裡的主角，要知道，生活就是生活，現實就是現實，沒有十分的努力，便不會有五分的基礎，生活來之不易，珍惜每一個平凡的故事、珍惜每一個平凡的存在、因為，每一個人都將會有屬於自己的使命需要完成，然而，使命是一種責任，我們來到這個世上，皆會有一種使命，來到這個世上，皆是一種責任，這些皆無關高低、無關貧富。

一個明白自己責任的人，才會有所尊嚴，一個不明白自己責任的人，就算賺到再多財富，也只是暫時滿足了其虛榮心而已，因為，在責任與利益面前，若是選擇了利益，便是

選擇了惡性因果，這就好比一位母親，因為害怕貧窮，於是便放棄了婚姻、放棄培養自己的孩子，即便是這位母親將來賺取到了再多金錢，也將換不回一個完全健康的良好教育基因。

答案很簡單，因為教育是一點一滴累積而來的，想要收穫一個完全健康的孩子，你就必須捨棄個人部分利益，只有長期用心陪伴你的孩子，你的孩子，才會比金錢更可貴，你的孩子，才不會質疑自己的存在價值，你的孩子，才會從小接受以人為本的良好教育基因。

是的，教育根基決定了孩子內心是否陽光，教育根基，也將會體現在如何正確地分辨善惡，有一天，當你的孩子知道你曾經地離開是為了利益，總有一天他也會用同樣的方式來對待你，這就是惡性因果循環下的人間冷暖、人間悲愴、且是不斷在上演，不斷在輪迴。

想要改變這種惡性因果循環，唯一的法門就是家庭教育根基，只有良好的家庭教育做根基，才會相對性減輕惡性基因的延續，惡性基因不但會延續，而且還會演變諸多精神方面的疾病，從而還會傷害其它無辜者，比如那些從小就被父母孤立的孩子，從小就被父母不公對待的孩子、諸如這類的孩子，更容易患有精神內在缺陷，且會心智發育較為不健全。

表面的四肢健康，並不是真正的健康，真正的健康體現在精神內在，通過言語、心態、自信、互動、及協調能力，可以進行分辨其內在精神是否真正健康，許多人善於包裝自己的外在，比如金錢、室內裝修、交通工具、等等都是他們的包裝用意，這些皆不足以證明

生命的出口 | 142

這些人的內在精神屬於健康一類，而內在是否健康，還要通過他對待人與事的心態來判斷。

然而，健康的內在、真正的良善、皆不是用金錢所包裝就能夠衡量的真偽，這些細微地善惡因子，皆在人類精神系統裡根深蒂固幾千年之久，人類為了能夠讓自己更好地生活、為了得到更高地位，長久以往，便自然而然地學會了如何包裝自己、打造自己、然而，最終都是為了自己，難道不是嗎？真正又有幾人是為了大局而著想呢？這類人確實少有。

人類永遠也只能是為了自己，因為大多數人都不會用良善的心態來對待同類，更多地是索取、霸佔、排擠、演變到最後，人人皆沒有得到屬於自己真正有意義的收穫，便就人人順應天道去歸天了，即便如此，人類的後裔還是不斷相互索取、霸佔、排擠、永無休止地惡性追求，即是物資有所提高，也並非能夠真正滿足人類的慾望。

人類真正需要得是和平、友愛、平等、也只有良性地追求，才能夠平衡黑白，才是美好的方向、才是永續的和平，從地球人類最原始的殺戮演變到如今的科技時代，可曾發現，戰爭是否減輕了人類的痛苦呢？答案是，從未因為戰爭而減輕了人類的任何痛苦，有的只是弱肉強食而已，那麼，一個沒有仁愛之心的強者，又要如何稱之為真正的強者呢？

然而，真正的強者，皆是具備了十方仁義的強者，而不只是為了一己私利，從而去對弱者進行弱肉強食及佔有，我們可以試想，如果有一天地球上的人類，因為弱肉強食而殺

143 ｜ 第五章　以人為本　以善為藥

害、直到演變成一個國家之後,到了那個時候,這個國家的人還會不會有自相殺害地現象呢?

答案是肯定會有,這個答案又何必要等到地球上只有同一種族的時候呢?就如今的世界、國家、家族、群體、也皆是如此不良現象,越是種族與家族,越是容易發生侵略、傷害、這也正好說明了,人類可能會因為自相侵略而走向仇恨與滅亡,那麼,人類可有醒悟地可能性呢?答案是未知的,因為,任何人都不知道下一秒,將會遭受到何方的侵略與攻擊。

那麼,便是可惜了這良善、厚道、仁愛、忠義之詞藻的意義了,然而,對人性進行如此探究的方式,只是為了得到一個可知地答案罷了。儘管答案不是人類想要的結果,可還是會緩緩地漫延下去,這便是因果。只有努力去改善惡性因果,人類才有機會去瓦解仇恨與滅亡可能性,相信人人都敬畏這一點,相信人人皆需要瓦解仇恨與滅亡,難道不是嗎?

既然生命來到了地球這個地方,人類從來就不應該只是為了自己而活,大多數人表面上是為他人而活,而實質上也都是為了自己的利益而活,這也是無可厚非的事實,以目前的教育水平而言,在利益面前,人與人之間的感情還什麼都不是,當你明白了人性,理解人性越深刻,你就會越來越平靜、越來越唏噓、這正所謂、明心見性、見了人性才可怕。

不難得知,人類之所以互相傷害,皆是為了利益,然而,這個利益則分為整體利益、

小我利益、不難得知，整體利益，皆大於小我利益，那麼，人類不如將這個整體利益再放大一些來思考問題，只有將這個整體利益放大到全人類的利益，才會慢慢地減少戰爭、及侵略地可能性，既然美好的期待通過思考，將會有可能發生，那麼，我們不如拭目以待。

生活是一首歌、生命是一首詩、我們要如何好好歌唱生活這首歌，又要如何用心寫好生命這一首詩，全然只在個人格局、素養、及追求之間而誕生，生命不在於有多麼偉大，而在於思維有多麼偉大，用一顆偉大的心去好好生活，便是不負自己、不負眾生、不負天地。

雖然你我只是一個平凡人，卻擁有著一顆不平凡的心，這才是人間值得，才是獨善其身、獨善其心、古往今來，從來都只有思想在流傳人間，然而不凡的思想，才是千年不倒的根基、然而良善的胸懷，才是千年不敗的美德，哪怕他的財富再多，人們也只會評估他的思想和觀念，人們不會評估他的財富，這便是真相，所以，無需驕傲自大，人人皆平等。

然而，思考皆是為了更好地成長，為了更好地留下點什麼，也是為了更好地探究未知，於是所思、所想、皆要圍繞善意，才有被人類接納地可能性，於是，善意的思維，所有思想，皆是值得人類去收藏的智慧資產，如果人人不介意善用善意去傳遞溫暖，那麼，善意的所思、所想、皆會成為良性資產，皆會成為全人類的智慧資產，既然如此，我們不如為此結果、提早祝福。

145 ｜ 第五章 以人為本 以善為藥

二、延續良善的思想，才是人生正確的修行之路。

人生最正確的修行之路是什麼，相信許多人想知道這個問題的答案，事實上答案已經很明顯，唯有延續良善的思想，才是人生最正確的修行之路，因為，人類喜愛美好的東西，因為，人類需要美好的東西，因為，人類渴望美好的東西，且人人皆為之追求、敬仰。

當你感受到了宇宙人類的善意，你便是一個幸福的人，這無關你的身份高低與貧富之分，善意從來就沒有階級之分，唯有真正的善意，才是全人類共同接受的美德，那麼，種族之分在善意面前，也便沒有階級之分了，所以，人類的仇恨，還是有化解地可能性，那便是全人類的善意，當人人心中都有了良善的態度，便會是一切仇恨的天敵。

然而，問題的關鍵在於人類還放不下仇恨，這便是一個大問題的存在，因為，人類天生就有尊嚴存在，所以，人類難以放下仇恨，這便是歷史無法更改地因果，且是惡性因果循環根源問題，於是人類天生就有一個左腦，再加一個右腦，以供人類用以平衡善惡與黑白，於是，人類的本性，天生就有正反兩極化表現，這也便是人無完人的明顯之處了。

相信人人皆會為了善惡，而不斷在平衡自己的內在，如果沒有良好平衡內在，人類又要如何理性地生活在這個地球群體中呢？我們清楚地知道，人類的善惡根源皆是因為一己私欲而引起，所以每一個人都要不斷平衡精神內在極端化，然而，善惡不分階級，因為階

生命的出口 | 146

級再高的人都會做出格的事情，所以人人皆不可完全信任，這個答案是否讓人嗤之以鼻呢？

是的，人人皆不可完全信任，因為，善惡不分階級、善惡不分貧富、善惡不分東西南北、既然這個世界人人皆不可完全信任，那麼，我們更要學會平衡精神內在、學會保護自己、於是，還有另一層的含義，這個世界需要更多地信任、需要更多善意地信任。

人與人之間若是缺少信任，便不會產生信任的善意，所以，唯有信任，才是人類需要用心搭建的橋樑，因而，人類真正需要得是一種誠信，這些美德皆無關貧富、無關階級、人人皆是如此需要他人的信任，所以，培養誠信，才是人類共同嚮往的美德。

知道了誠信是一種美德，不如將這種美德發揚光大，並盡其一生的力量去修行這條誠信之路，唯有誠信，才是持之以久的美德，這無關種族、無關血緣、無關階級、既然如此，人人皆可善加利用這一美德來成就自己，因為，唯有美德，才能讓人類健康生存、且延續。

是的，唯有良好的美德，才能讓人擁有健康的內在精神，美德累積越多，內在精神就會越陽光燦爛，從而生命力就會更加健康、完整，這也能證明遠離疾病的可能性更高，人類生存問題可說內憂外患，既要面對外來侵略，又要面對內在調養，在外來侵略還沒有到來之前，首要是做好內在調養，所謂內在調養，則是修為美好而健康的身心、以及美德。

147 ｜ 第五章　以人為本　以善為藥

一個女人的德行之美在於善良，一個男人的德行之美在於心胸，相信這是大多數人一致的看法，一個女人的美麗在於心靈之美麗，心靈美麗的女人臉上散發著自然的母愛，一個男人的美麗在於他的心胸寬廣，且天生擁有海納百川的格局，心胸寬廣的男人臉上散發著自然的父愛，所以，人間最美的風景，皆是在有父愛和母愛的地方，從我們一出生，便會有還不完的恩情，除非父母曾經拋棄了自己的孩子，這也是一種惡性因果。

我們可以試問，這世上什麼才是大事，什麼才是小事呢？可以這麼歸納，只要關係到人道主義的事情都是大事，只要是可有可無的事情都是小事，如此是不是讓人更容易理解什麼事應該重視，什麼事不一定要重視呢？如果把可有可無的事情，當成大事來做，結果自然是會失敗的，那麼，如果把大事當作小事來做，自然也是失敗的人與事。

這也就驗證了一句古話，人有旦夕禍福，事有輕重緩急，從而一步錯，步步皆是錯，人生短暫，許多人的失誤，都是把人道的事情，當成一種利益來處理了，易言之，是把大事當成小事來處理了，這兩種結局，都將無法更改惡性因果，且是人人解不開得因果輪迴。

紅塵修心，試著不斷解析因果，這將對人生具有很重要的意義，所謂知因果者則不亂、知因果者則無懼、顧名思義，就是一個能看懂因果的人，他很難去做錯誤地決定，也很難去違背人道主義，這類人大多心慈手軟，捨不得去傷害他人，他們寧可自己吃虧，也不願

生命的出口 | 148

意看到他人受苦，這類人，皆是充滿仁愛之心的人，這類人，皆是以人為本的人。

很明了，善與惡之間如此容易解析，一種是重人道者，一種是種利益者，二者之間的區別，便是善惡因果的造作者，從而人類的命運，皆是自己造作而來的，所以，人人皆需要深刻反省自己，人人皆需要刻骨銘心地去改變自己，遇事多要自我檢討過失，少抱怨他人，或許會從中收穫更高階的思維、收穫更高尚的品德，這也便是自我悔過地妙處了。

人性一念之間可成佛，一念之間也可成惡魔，只要真心真意想要修好自己，真心想要改變未來因果，時時悔過這件事，將會是非常有價值，從而人人皆會因為悔過而高度成長，人人皆會因為自律反省而深度收穫，而一時時悔過的人，自然也是一個高度自律的人。

是的，人人皆要做到自律，人生才會有所奇蹟，做不到自律的人，人生將會只剩墨跡，前者表現在高要求自己，而後者則表現在高要求他人，有些人看到他人有所成就，便會開始抱怨世界不公，而後看到他人落敗不堪了呢，又開始對人冷嘲熱諷，不但不會雪中送炭，還要對人來個落井下石，這類人通常都不會有好的因果，也不會有好的芳名流傳。

因為，心態決定全局，而不只是格局決定全局，善與惡之間最明顯的區別，就是一個是用有色的眼鏡在看人，另一個是用無色的眼鏡在看人，而人生在世，審時度勢，待人處世，皆不可以過於現實，聰明得了一時，聰明不了一世，那麼，去做一個良善、仁愛、厚道、

149 ｜ 第五章　以人為本　以善為藥

忠義之人，對得起天地，也對得起父母，更對得起良心，這才是正確的修行之路。

不難得知，美好的心態決定了美好的人生，那麼，要時時懷著一顆感恩之心、我們在欣賞這個世界的同時，也不要忘記欣賞自己、取悅自己、在風雨磨難之中，將會逐漸培養人生大格局，常以一顆空無之心看淡人生悲歡離合、看淡人生喜怒哀樂、常以大我格局去成全他人、常以大我胸懷去包容弱小、保護弱小、如此便是難得好修為了。

有些事，說起來容易，做起來卻是很難，這需要少許的時間來完成，想要取悅自己，並非這麼容易的事情，做到自己都喜歡自己，這件事情確實難度很高，取悅自己不是教人學會自私，取悅自己是能讓自己欣賞自己、能讓自己感動自己，同時也能感動他人。

感動自己是素養，感動他人是能力，人人皆可修為成為這般模樣，人人皆能夠做到感動他人，只要用心修行，天道不會辜負每一個善待生活的人，用心去感應與宇宙自然連接，用善意去連接整個宇宙環境，連接鳥語花香、連接藍天白雲、連接一切善的種子，不久的將來，你定會收穫自然道法的回饋，那將會成就你的喜悅，且是一種豐盛的喜悅。

那麼，人性本善，還是人性本惡，也都並不不重要了，只要懂得靜思悔過，那些迷失地過去，不再是不可原諒，從而人的本性，也不再是不可更改，因為，有了宇宙道法的包容、及雅量，人人皆可得到重生，是的，重要的是人人皆能夠醒悟、人人皆能夠重生。

大道至簡、以善為藥、以人為本、這是人生中最值得的一件事，因為一個懂得善待自己的人，同時也會懂得善待他人，相反一個不懂得善待自己的人，同時也不會懂得如何善待他人，所以，人活著，首先要學會自愛，而後才會有人來愛，這件事情一直都很重要。

因為紅塵修心，本身修得就是一顆自己的心，修得一顆善意的心，如此才能收穫良好的氣質、磁場、只要氣勢正了，你的格局就會變得強大，你的能量也會隨之增強，這也便是取悅自己的小小開端而已，所以，紅塵修心，唯有首先改變自己、成就自己、才是王道。

人生中最重要的事，離不開人道、離不開修心、能夠修好一顆心，便是盡了基礎人道主義，唯有修好了自己這一顆心，才不會違背人道，只要不去違背人道，便不會去傷害他人、不去傷害他人，也便不會受到惡性因果來干擾了，所以，苦海人生，當你行到人生陌路相逢時，結果未必皆荒涼，關鍵在於自己，要如何用善意來鋪路，要如何用真誠之心去珍惜這條修行之路，相信人人皆會為之唏噓不已，因為人人皆苦，且人人敬畏未知的苦。

人生不如意十之八九，哪兒有不苦的人生呢？如果這世上有不苦的人生，換佛陀先去投胎看看，佛陀之所以能夠修行成功，皆是因為人生有所磨難、有所覺悟、有所放下、有所看淡，所以，這條人生之路很明確指示，人生皆是為了成長而來、人生皆是為了過程而來、人生皆是為了覺悟而來、人生皆是為了因果而來、所有苦難，皆是為了末端的甘甜而來。

151 ｜ 第五章　以人為本　以善為藥

三、為了愛，好好活下去

好好地活下去，這是多麼不容易的一件事，這些堆積的人生考驗，皆是為了好好地活下去，更是為了綻放你我人生最美麗的花期，這個花期是早、還是晚，重要的是在花期到來之前，你我為花開而累積了多少真誠、累積了多少期待，人生最重要的事情，那便是等待花期以致，這將是每個人一生中最期待的盛宴。

人人皆是為了盛開而來，人人為了盛開從而準備了良久、良久，人人皆是傾盡了一世的容顏，只為看到自己綻放時那一剎那的美麗，即便這一次的綻放不夠完美，只要是你用盡了畢生地善意來完成這個使命，也皆會是一種獨特的美麗。

是的，無論盛開是否完美，那將都是屬於你的獨特之處，盛開的生命皆因為你的獨特才有所價值，生命為了獨特而來、為了善意而來、為了盛開而來、這個小小使命也將會成為你大大的成就，因為人人皆是來之不易的珍貴，所以祝願一路且行且珍惜。

珍惜每一天的時光，珍惜那些珍惜我們的人，人與時光之間是一種價值交換，人與人之間則是一種溫暖地交換，我們總是將一顆純真的心給錯了對象，不過沒有關係，經過時間驗證、經過淚水過濾，你最終就會知道原來還是你收穫地最多，你會發現，你不是收穫

了完整的心智、便是收穫了至高的領悟，這些皆是用金錢無法比擬的價值，人人且要珍惜。

所以，失去的反面是得到，善用逆向思維方式，將會讓你得到前所未有的收穫，你要永遠記得，無論你受到多大的傷害，或者不公的對待，都不要輕易放棄自己，哪怕是為了父母、為了自己的孩子，一定要好好活下去，因為那些傷害你的人，只是來渡你成長的人，所以，要學會化悲痛為力量、學會化干戈為玉帛，你才會放大格局，你才會無堅不摧。

化悲痛為力量、化干戈為玉帛，皆是一種智慧在轉換，而轉換是一種能力，試著把善惡、黑白之間轉換成為有益處的資產，這是一種無形的智慧資產，受益人只有一人，那個人便是你自己，要讓所有傷害過你的人與事，都成為你的智慧資產，如此，你才會將負能量轉換成為你需要的正能量，這個時候的你，才是最堅強的人，且強過於傷害你的那些人。

強大並不是指他擁有多少財富和地位，強大最微妙的地方在於你的內心比對方強大，你能夠在速度的時間內看出他人的動機、及善惡，這便是一種強大的能力，要做到，明知道對方善惡，也不輕易動怒，你不需要炫耀你的強大，這才是真正內心強大的人。

一個內心真正強大的人不會欺凌弱小，哪怕對方不堪一擊也不會浮夸，這是一種不可多得的美德，美德是上天賜予強者的權力，只能是為了保護弱小而存在，而不是為了彰顯能力而存在，人們只會歌頌德行高尚的強者，從不會去歌頌有失德行的勢利者。

人性確實是很現實，現實本身不是錯，錯在不講道義；人性確實也是多變，多變本身也不是錯，錯在忘恩忘本；如果這世上所有的靈魂，都能夠充滿正義的存在，那便是一件多麼美好的事情，做到不背信棄義、做到不忘恩負義、做到一切隨緣，且珍惜，又能不折不扣、且又有所道德底線，這便也是不負天地、不負眾生、不負自己了。

有時候，宏觀思考，一個共同的答案，才可以解讀思維的奇妙之處，這便是修心的妙處，一個共同的答案，將會有多個方法可以解答，這便是苦海人生的另一面風景，只要你用心去解讀，無論你用什麼方式解開答案，都將會是你人生的收穫，所以，解答人生難題不在於過程，而重在於結果一致，只要結果正確了，哪怕是千萬種解法，也都是正確。

那麼，面對人生的苦難，也有同樣解讀的道理，破解苦難的方法千萬種，不同的環境、不同的人事物，將會有不同的破解方法，無論你用對了哪一種破解方法，最終，只要你能夠走出痛苦和干擾，那便都是正確的方法，答案永遠只有一個，那便是你要用盡所有方法去清除人生中的痛苦與疾病，不要讓任何對你有害的因素，有機會來干擾你的餘生健康。

要知道，曾經是曾經，現在是現在，當你披著狼狽的身子無力去抵抗任何侵略、無力去解決任何問題的時候，這個時候，你就要重新整理自己的過失了，這種現象大多是自己所造成地過失，這個時候，哪怕你再怎麼善良，也都是你的過失，因為善良也會引狼入室。

是的，哪怕你再如何善良，當你控制不了人生的局面，那麼你的善良，將會是傷害你的最大弱點，當你的優點變成你的弱點時，這個時候，你就要及時止損，收起你天真的善良，成就你頑強的意志，在時間的累積下，用你真正的實力去保護自己，才是唯一的出路。

要知道，善良不是錯，錯在你不懂得保護自己，把善良交給錯誤的人，那就是錯誤的事情，所以，在錯誤、及失敗之中，因為你讓對方利用到你的善良，更多是自己，即便你現在是受害者，你也是錯誤的一方，應該要反省的人把善良交給對的人，才叫正確的事情，你不懂得保護自己，這才是你的最大錯誤，於是首先學會保護自己，也是很重要的事情。

人生中重要的事情有許多，裡外大小細節都很重要，若是丟了細節的重要性，便不會有未來的善果，所以，人生這條修行之路，著實值得我們小心翼翼地行走，因為，稍有一個閃失，則會全盤皆輸，而且是輸得一塌糊塗，也許會花上 10 年、20 年、30 年、甚至是永遠，也找不回尊嚴。

所以，紅塵之路，一路的風雨兼程，唯有學會善待自己，才有擺脫一切疾病與痛苦地可能性，想要好好活下去，首先要學會如何保護自己，無論你多麼優秀、無論你多麼善良、請你不要忘了，這個世上不是所有人都像你般仁愛、及包容，因為這個世上，更多是貧窮與疾病的存在，不是環境的貧窮，就是內心的貧窮，不是身體的疾病，就是內心的疾病。

155 ｜ 第五章　以人為本 以善為藥

不要害怕，自每一個人出生以來，便是同等的大環境，疾病與貧窮的存在，且是無時不在的存在，即便他的家世再富有，他在成長過程中都要面對、及抵抗貧窮與疾病各大問題，幸運的是21世紀的人類後裔們個個都是新時代環境下的天之驕子，所以，人人皆要學會感恩，這是一件很重要的事情，相比上古時代的條件，出生在這個年代的人若是還不懂得感恩，這將是一種罪惡的因果起源，且人人皆為此而付出慘痛的代價。

是的，要知道因果這件事，就是這麼的嚴重性，既然來到這個世上，就要學會感恩，感恩天地、感恩眾生、感恩父母、擁有美好的感恩情懷，才能稱得上是一個健康的人體，才有權力去追求美好的未來、及人生，失去這種感恩情懷，等待人類的將會是無限惡性因果循環，做不到感恩的情懷，宇宙因果將不會放過任何人的虧欠，即便是害怕也無用。

既然來到這個世上，人人皆想要好好地活下去，那麼，就要做到基礎的人性修為，只有尊重了人道的人，才有權力去追求美好人生，但凡是違背了人道的人，等待他的，將會是萬劫不復、及悔恨，然而，不是人人都有悔恨的機會，比如在疾病面前，給了你控制疾病、及治療的機會，如果還能夠給你一個悔恨的機會，這已是你人生的萬幸，且要好好珍惜。

人生後半場，皆在贖罪中度過，無論你想不想、要與不要、無論你信不信、怕與不怕、

這將是每個人的人生經歷，因為人人皆會犯錯，人人皆會在錯誤中贖罪自己的不足、不斷在悔恨中覺醒自己，因為人人皆會犯錯，人人皆會在錯誤中完善自己的事情，只要人人皆有悔過之心，那麼，這些對修行之路，皆會有益處和幫助，而並非是恥辱的這便是天道無私的寓意了。天道無私、道法自然、道法無邊、道法將成就每一個真心贖罪的人，只要你還想想好好地活下去，皆會助力你一臂之力，你的所思、所想、皆會因為自然輻射而傳遞到空氣中，空氣中有風在流動，然而，風無孔不入，風無處不在傳遞，風將你的所思、所想、傳遞到無盡的宇宙中心，而後，再回應給你加倍的價值。

我們最終都是宇宙環境所供養的孩子，那麼，人類為什麼不平靜下來好好地思考美好人生呢？唯有如此，才能遠不想好好地活下去呢？人類為什麼不學會感恩呢？人類為什麼離外界的虛幻和傷害，回歸屬於自己的理性，人生才有悔過的機會，人生才有重生地可能性。

只要你相信天道是無私的，人人皆平等，人人皆有悔過的權力，人人皆有幸福的權力，生命的來到並不複雜，複雜的是人類的慾望、貪婪、自私、狹窄、刻薄，去除這些疾病的根源，人人皆會充滿陽光而自在地活著，因為，這是自然宇宙給你的權力。

是的，充滿陽光而自在地活著，這是所有人的權力，只要人人懂得珍惜、懂得感恩、

懂得悔過、懂得保護自己，人人皆會成為這個世界上最幸福的人，人人皆會遠離貧窮、疾病、痛苦、自私、狹窄的誤區，人人皆可成為健康的小天使，人人皆可成為永續的良好基因。

四、如何成為健康的小天使？

根除一切不利於成長、不利於修善的因素，人間哪裡還有不快樂的存在、哪裡還有疾病的根源呢？所以，人類最富有的地方不在於金錢的財富，而在於懂得如何清除痛苦與疾病的能力，在重大痛苦與疾病來臨之前，你便要學會如何保護自己、如何善待自己。

雖然人人只是路過這裡，但是為了這僅僅不到百年的時光，請你務必要珍重、珍惜、這人生道路上的每一份感動，為了更健康、為了美好未來、為了下一代，只要是值得的事情，皆值得我們去一一改善，你當下正在思考什麼，未來便將會呈現什麼給你，這是宇宙道法回饋給每一位善良使者以最好的禮物，且人人皆要懂得珍藏、敬畏。

人生，本身是沒有意義的，因為最終人人都會離開，但是，既然已經來到這個地方，便要將本就沒有意義的人生變成有意義的人生，至少從殘缺開始，再到健康的靈魂，能夠修復健康內在就算是一種小小成功，如若無法自我修復內在殘缺，則將會是疾病伴隨左右。

生命的出口 | 158

確實是這麼可怕的事情，因為人人皆殘缺、人人皆不完美、所以，來到這個地方便是為了努力做到盡善盡美，這是一個犯錯的過程，也是一個修復的過程，更是一個懺悔的過程，這便是天道安排，最終只有真心懺悔的靈魂，才得以圓滿。

人生走到最後，才會有自己的小小圓滿，走到最後，才算完成了自己的小使命，這一路，唯有我們的身體與靈魂，才是真正屬於自己的財富，你若善待自己，你便會得到小小圓滿，你若不珍惜自己，便會不得圓滿、不得圓滿、便是虧欠天地、虧欠眾生、虧欠自己。

要相信，上天賜予每一個眾生都有圓滿的機會，圓滿人生，靈魂將會進入天堂，不得圓滿，靈魂將會繼續輪迴，然而，苦海無邊，唯你擁有健康的靈魂、才能算得上是小小圓滿，一切不健康的載體，都將會成為疾病的獵物，活著最可怕的事是不懂得維護自己的健康，這個健康包括精神內在健康，也包括身體、及外在健康。

精神內在健康，所指得是思維與精神方面的健康，而外在健康，指得是周圍環境細節方面的健康，二者皆不可忽視，不要因為貧窮就放棄追求健康乾淨的生活，越是不富有，越是要懂得把精神放在健康上面，因為，只有健康才是未來最大的財富，無論他現在賺取的金錢多少，只要你在此之前不注重內在、及外在健康方面的問題，一切皆會是徒勞無功。

相信人人皆會成為健康的小天使,那麼,從現在開始,每日給自己自訂一份健康基礎,平衡外在與內在的均衡,在一個乾淨的環境中攝取均衡的身體營養、及精神營養,從愛惜自己開始,把平淡的生活編織成充實而精彩的時光,與時俱進,連接時代的軌道,試著在複雜的大環境中給自己留有一處乾淨的地方,這個乾淨的地方,便是你的靈魂安養之地。

是的,靈魂需要一處乾淨的地方來得到安養,唯有如此,人的精神內在才會得到更好的養息,當人的內在靈魂乾淨了,他的外在美自然也會隨之而乾淨,因為,人的內在精神好壞能夠決定人的善惡行動,所以,只要人的靈魂內心健康了,外在便會乾淨,且陽光燦爛。

試著療養靈魂乾淨之地,在精神方面多攝取一些知識,知識將會拓寬你的眼界,而不凡的遭遇將會養大你的格局,當你的眼界與格局有所提升之後,你便會是一個健康路上的王者,我們可以試想,當你擁有了以上最重要的三點:眼界、格局、健康、未來的人生將是怎樣的結局呢?答案當然是你能夠進階成高階地可能性,更會收穫人生的小小圓滿。

那麼,既然如此,人類還有什麼可怕的呢?一切問題都有解決的方法,只要用對了方法就會事半功倍,人生短暫,又何必浪費太多時間在悔恨這件事呢?那麼,便有一個答案了,便是盡量做到減少悔恨地可能性,才是最科學的生存方式,因為,有些特定的時候,

悔恨並不能解決你的現實問題，唯有避免製造悔恨地可能性，問題才會變成不是問題。

於是，如何更科學的過好每一天，這才是人生中的大事，前提是當你把生活中的每一件小事都做好了，那麼，你的人生，便不會出現太多大事來干擾，因為，所有大事的不可控，皆是因為平日裡小細節未能完善所累積的結果，所以，小心翼翼、謹言慎行、窮則獨善其身、獨善其心、看那春去秋來，依然從容、閒庭信步、笑看人生得失、便是一切安好。

紅塵修心，唯有心情平靜無波瀾，才會沒有大風大浪來干擾地可能性，苦海人生，無論成敗、無論貧富、記得要看淡生死、看淡得失、你將會心胸豁然開朗，我們可以試問，心中若有桃花島，何處不是水雲間？健康的唯一境地，便是內心還有一處寧靜所在，任世道喧嘩現實又如何？任四季花開花落又如何？這些，又與你我的平靜、及健康何干呢？

天大的事情不如健康更重要、不如心靈平靜重要、不如心胸寬廣重要、這也是疾病問題的根源，做不到以上三點，便不會有平衡內在精神、更不會有陽光的笑容、又怎會有幸福的人生呢？失去了以上三者之間的平衡，疾病就會來干擾，所以，平衡內在最為重要。

人人皆可成為健康的小天使，除非你不想成為陽光的人，只要是你想做的事情，就沒有做不到的事情，如若是你不想做的事情，你總會有千萬個理由來阻撓，那麼，當你發現無法控制人生殘局的時候，務必要開始反思己過了，因為時光不可倒流，要珍惜每一個當

下來佈施未來善意的果，這個善果，便是為了你自己而準備的，所以，這件事情很重要。

所謂善惡因果，皆是為自己而準備的，這並不可怕，雖然過去的因果不可更改，但是，將來的因果，皆是可以從現開始佈施的，這便是天道的公平之處了，所以，天道永遠是無私的，只有人類自己不懂得珍惜生活罷了，那麼，從現在開始，試著把平凡人生轉換成為健康和陽光，試著把悲痛轉換成為奮發與堅強，因此，你便會是健康的真正贏家。

是的，成為人生的健康贏家，不需要打敗任何人，只需要認真對待自己、及健康，便是長久的贏家，想要打敗他人的想法，實則是一件天真而又愚蠢的事情，渺渺人生，唯有為靈魂而活、懂得取悅自己才是王道，終日與他人進行惡性較量，皆是不健康的發展方向，然而，只有良性的競爭，才能算得上是正確的追求、才能算得上是健康的成長。

然而，良性的競爭，皆建立在良好教育基因、及良好心態之下，人類從純真走向複雜，這是無可避免地過程，能夠做到在複雜地變化中，還能保持一顆赤子之心已是不易，這正是老子道德經中所提到得返樸歸真，可知世態炎涼，也唯有赤子之心才是人間最可貴。

赤子之心既是指沒有害人之心，並非指傻子之心，人們通常把一個善良的人當成一個傻子來對待，這是極為不正確的修為，因為人類天生就有得寸進尺的習慣，這個習慣則是難以更改的習慣，所以許多人為了求得自保而漸漸變得虛偽現實起來，這便是演變結果。

生命的出口 | 162

想要成為健康的小天使，就必須在萬變的人性環境中保持一顆赤子之心才是不染之心，才是維持健康的唯一長久通道，越是純潔地思維模式，越能夠讓人獲得非常之喜悅，當人們聽得多了，想得多了，便會生病，這個病來自於精神上長期負荷所致。

所謂良言一句三冬暖，惡語傷人六月寒，儘管生活中有無數層出不窮喜歡惡語傷人的人，只要你不去在意這些言語，你就不會被傷害，有些人、有些話、只是為了更好地提醒你要懂得更好地保護自己，將他人的惡意傷害轉換成為自我保護意識，這是最明智的作法。

要知道，這個世上有些靈魂從兒時就不單純，想要改變這些不良基因的可能性並不大，想要過得快樂，且不受惡性基因干擾，唯有學會捨棄、離開、看淡、努力提升自己，才是最佳解決辦法，因為，成長是自己的事情，不必因為環境的不堪而污染了自己的夢想，因為從我們還沒有出生，就已經存在這些不良基因，且無人能夠更改。

那麼，紅塵修心，唯有懂得如何正確斷、捨、離，才是最達觀、最明智地處事態度，只會失去更多寶貴的時間，及精力，既然來到這個世上，不要為了不良基因而左右心情，更不要為了環境的詬病，迷惑了美好人生的方向死死糾纏一種傷害而不放開，最終結果，

這個環境一直都是深不可測而複雜的環境，只要懂得劃分好自己的位置，就會有一片明朗而乾淨的地方屬於我們，而人啊，貴在有自知之名，明知不合拍就不要刻意靠近，要

學會將生活極簡、歸類，歸類圈子，皆是為了提升更好的生活品質，也是為了取悅自己的內心，然而，懂得享受獨處，也是一種高級生活法則，不必強求自己去接受這個環境中的一切，你只需要知道自己真正要得是什麼便好，生命來到這裡，皆是為了取悅自己的內心，如果你是一個懂得享受孤獨的人，那麼，你也會是一個懂得自理精神內在的高手。

一個懂得自理精神內在的高手，也定會是一個高階思維模式的人，這類人既能夠在喧雜的人群中交際自如，也能夠在寧靜地孤獨中享受樂趣，他們的人生字典裡從來就沒有無聊二字，哪怕只是孤獨的自處，也是一種高級的享受，這類人的靈魂，皆是健康的靈魂。

不難得知，在這個萬變而複雜的大環境之中，擁有一顆健康的靈魂，這是多麼重要的事，然而，那些被環境所複雜化的靈魂，需要在不同時期做一個健康的洗滌，在一個寧靜而不被打擾的地方，將心靈的渣子完整釋放，最好是每一日都能有時間，讓自己的靈魂去做一個短暫的冥想，冥想是我們的靈魂正在放鬆和自由，冥想，也便是冥思。

讓自己的靈魂去自由冥想，這是善待自己最好的方式，每一日只需要十分鐘、半小時便可，這也是每日裡最養心的方式，無論你是否增加了音樂都不重要，因為，越是寧靜越是養心，而越多次冥想，靈魂越是能夠釋放壓力，從而疾病，也就會相對減少來干擾。

生活是一種科學、及品味，不同生活方式，養育出來的靈魂，自然是不一樣的素養，

生命的出口 | 164

這並不一定需要花銷多少金錢，你只需要安靜獨處片刻便是極好地養心方式，或許你還可以為自己點上兩滴精油，精油是冥想時療養精神的最佳搭配，就像寧靜、及獨處的最佳搭配，這能讓你的靈魂在片刻沉澱中得到最完整的釋放、及療養。

這便有了一個正確的養心方向，健康的內在精神離不開寧靜、冥想、獨處、沉澱、釋放、五效合一的奇效，相信人人皆會成為自己人生的醫療導師，尋找快樂的方式並不複雜，只要你用對了養心的方式，人人皆是健康的存在，人人皆是富有的存在。

那麼，真正富有的人，源自於精神內在的富有，而並非只有名與利的享受，在這樣一個高階的科技時代，人人皆有可能富有的存在，這不是夢幻的想法，這是充滿實際的生活方式，只要心不動則不會亂，一顆心不為環境的迷惑所動搖，一切健康快樂皆會屬於你。

這便有所答案了，原來紅塵修心，皆是為了修得一顆富有的心，這顆富有的心，更是一顆健康而純潔的赤子之心，若是真要問人生何求？不被名利所左右快樂本質的心，也不過是如此這般修行、及上上之良策罷了，而你高階的思維模式，才是你最佳的伯樂之樂。

於是貧窮並不可怕了，疾病也並不可怕了，然而，孤獨的人並不是真的孤獨，孤獨只是一種至善的靈魂享受，那麼，在獨處時冥想，則是一種高級的養心方式，因為，萬物皆

要歸本、歸一、歸零、試著讓疲倦的靈魂定期還原致乾淨、及自在，這便是冥思的妙處。

人人皆會成為健康的小天使，這句話一點也不過分，人人皆會成為富有的人，這句話也很切實，因為真正的健康與快樂體現在精神內在裡，只需要維持外在物質基礎平衡，重點是內在精神素養的平衡，然而，最科學的養心方式，則是讓靈魂素養達成最佳平衡狀態。

第六章　沒有完美　盡善盡美

一、殘缺也是一種完美

正視殘缺，人生若是沒有殘缺，便不會有後來的完善，要相信，殘缺的存在，皆是為了成就你而來，而生活的難度，也是為了告訴你，還有更大責任需要你，如若事事都很完美，那麼便不會有天道因果的存在了，沒有天道因果的存在，也便不會有你我的存在了。

是的，人生沒有完美，人生唯有盡善盡美，這也是人類來到這個世上的使命，生命正是因為天生就殘缺不足，才需要更好地去完善人生，這是每一個人的生命使命，這也是對他人的一種使命，因為，只有不斷完善自己的人，才有資格、及能力，去成就他人。

人類在不得已的情況下，應付著時代的進步，跟得上是能力，跟不上還需要再努力，跑在前面的人，皆是因為條件允許了你成長，跑在後面的人，皆是因為條件不允許你成長，善用良性思維去解讀命運的殘缺，這並非是尋找藉口，而是用科學的角度去解讀人生的成敗、及貧富之間的落差，你會發現，宇宙從來就沒有成敗和貧富的存在，這世上只有做得到與做不到，因為，沒有任何一個成功的人士，不是因了殘缺，而後才成就了自己。

懂得道法的人，都知道人類一直都在尋找靈魂上的伯樂、尋找宇宙的真相，然而，解讀真相，並非一定要引用某位大人物的故事，若是人生的苦難，你都經歷過了，那麼，只需要一句話，你便能夠豁達，若是你沒有經歷過人生的苦難，無論說多少，也皆是無用。

毋庸置疑，在不同時空裡成長的人，各自所接受的人、事、物、截然不同，即便是在同一家族，彼此思維邏輯裡所建造出來的系統，也會完全不同，人類大腦裡所建造出來的系統，皆是由其遭遇、及基因進化累積，從而慢慢地演變而來，然而，人類的人格彰顯，也皆是來自於不同遭遇、不同基因、不同風水、及不同思維演變之後所產生的結果。

那麼，痛苦的產生，皆是來自於外界負面思維在干擾，你的思維感知若是不去接觸外界負面能量，你便不會產生痛苦的感知，然而，無論是痛苦，還是快樂，也只是一種思維上的虛擬感知罷了，認知這種虛擬感知真實存在，你便不再被外界負能量輕易左右。

我們已知，外界有正面能量，也有負面能量，那麼，首先要相信直覺、相信自己，才能夠分辨是非與黑白，我們可以試問，一個連自己都不相信自己的人，又要如何去對抗是非黑白呢？所以，當你遇到一些不合情理的人身攻擊時，這便是來拉低你能量的人，因為，比你優秀的人，根本就不會輕易指責你、侮辱你、以及侵犯你的尊嚴、及道德底線。

所以，無論貧富，做好自己便好，靠近正面的人，不去輕易打擾他人，才是良好的修

---

169 | 第六章 沒有完美 盡善盡美

為素養，因為，成年人的世界裡沒有迎合，成年人的世界裡只有處理、篩選、離開，你若是過分地想要去改變對方，也只會增加彼此之間的痛苦，學會尊重他人，才會受到他人的尊重，凡事點到為止，不必去奢望左右任何人的思維，這也是修行之道裡的基礎素養。

漫漫長路，失去基礎素養，便會寸步難行，有些人、有些事、有學沒有懂、有些話、有些理、有讀沒有懂、都踩著老虎尾巴了，卻不知道危險的人比比皆是，然而不懂裝懂的人，永遠比優秀的人要多得多，這便是原始的人性，唯有包容乃大、唯有理解為誠。

而如今，隨著時代的進步，樣樣已是科學化，即便是沒有學歷的人，也要生活得有所學問，無論在任何時候，學問都是生活中最首要的藝術，然而，學問不是學歷所能代替的，學問是個人伴隨著時空的經過所蛻變後的新思維，學問是潛在基因所經歷過的人生考驗，而後裂變而來的生命靈性，學問沒有一定框架，學問各領域只會在時空裡不斷進化、不斷裂變、不斷進階、不斷循環、並更新人類的大腦、將永無休止地延伸。

學問不是考試拿了多少分數，更不是賺取了多少金錢，也不是做到了多大的官位，思維細節將決定人格質量，要知道，聰明不等於智慧、金錢不包裝素養、地位不代替德行、所以，苦海人生，不要過分執著於虛名虛利，人生的重點在於如何修得好素養、修得好學問、修得好德行、當然，學習與知識同樣很重要、但是，你的心理健康、更為重要。

因為，幸福的本質不是得到，幸福的本質是無有、無病、無災、無有遺憾，然而，成功的意義也是如此，當你了解了幸福與成功的本質，你便不會再為先天殘缺背景、以及殘缺的命運而去怨天尤人，要知道，這個世界從來就沒有所謂的公平，所有生命的到來，只有公平的存在，然而，生命的平等之處，在於生命皆是平等來、平等去、平等生、平等死。

事實上，成敗之間並沒有那麼悲涼，不要過分去思考成與敗，你只需要思考如何才能健康而陽光般成長，如何才能在有限生存條件下、自然成長、自然綻放、自然結果便可。

要知道，人的聰明並不代表本事，聰明可以是一種手段，而人的本事，則是宇宙賜於你的絕對生存條件，這也是天道給予每個人的恩賜，只是在不同條件下，賜給人類的天賦有所不同而已，所以，無論身處條件好與壞，要懂得隨行而安，才會有隨心而樂的覺悟。

所以，一切順理成章、自然而然所成就出來的才叫本事，但凡是靠手段、所得到的東西終究不會長久，只有靠本事所得到的東西，才是屬於自己真正的財富，這也便是能夠得走的財富，擁有天道所賜給我們的財富，便不會是殘缺的生命，我們皆是健康的生命。

那麼，哪怕是遇到再多磨難與坎坷，也不要過分急於成長，因為，那樣不合乎天道自然，一切違背天道所強求而來的擁有，皆不會帶來實質上的幸福，因為，幸福的本質不是得到，幸福的本質是付出，然而，能夠強求而來的東西，都不是真正屬於你的東西。

真正屬於你的東西，是你當下每一秒的呼吸、及你當下每一天的健康，那麼，他人能否給你帶來真正的幸福快樂呢？答案對於一個不成熟的人來說，幸福皆是他人帶來的，而對於一個成熟的人來說，幸福皆是自己所創作的幸福，由於各自成長速度不同，對於幸福的認知程度不同，那麼，對於成年人來說，幸福的本質應該是由自己創作而來的幸福。

這便有了一個答案，人與人之間的幸福，皆是互換的價值，無一例外，認清了交換價值的意義，你便會減少許多痛苦，那麼，努力提升自身的價值，才能換取你想要的東西，及幸福感，予彼此想要的東西，包括你的親人、朋友皆是如此，且無一例外，認清了交換價值的意義，你便會出現代溝、摩擦、排斥、以及憎恨，甚至是分手，那麼，對於朋友而言，當你的價值還不足以滿足對方的時候，便不會產生以上諸多現象，因為，婚姻是一種道德上的綁架。

那麼，對於一場婚姻而言，當你的價值，還不足以給對方帶來幸福的時候，你們之間便會出現代溝、摩擦、排斥、以及憎恨，甚至是分手，那麼，對於朋友而言，當你的價值，還不足以滿足對方的時候，便不會產生以上諸多現象，因為，婚姻是一種道德上的綁架。

然而，實質上一場婚姻一直都是一種道德綁架，而這種道德綁架，也可以稱之為一種契約責任制，沒有這種道德綁架、及契約責任制，婚姻便沒有了意義，那麼，所有的傷害都來自於不平衡、不知道、不了解、所謂無知者無畏、無知者無罪，於是，最可怕的事不是一場婚姻被道德綁架，最可怕的事是當你有了孩子，卻還不懂得婚姻契約是一種責任制。

人生沒有完美，只有盡善盡美，然而，害怕貧窮、選擇離婚、拋棄骨肉、將會形成惡

性因果不斷循環，且無法更改，要知道，天道便是因果、因果便是天道、沒有因果，便不會有天道、沒有天道、便不會有因果、所以，知因果而不畏懼因果、改因果而不違背因果

然而，人類所認知的正確思維、不一定是錯誤的邏輯、因為，在這個時空裡的正確邏輯，不一定就是正確的觀念，在另一個時空裡卻是錯誤觀念，也比如早期戰爭時代，軍隊以勝利為榮，以敗戰為恥，但是，只要一有戰爭就會有人受到傷害，殊不知，榮耀若是建立在傷害他人之上的榮耀，那麼，就不是真正的榮耀，及成功

那麼，何為上善若水？然，對於歷史而言，人類沒有正確選擇的機會，因為戰爭，曾經的傷害已經造成，便不可更改，學會理解包容、勤於更改惡果，才是真正的上善若水，及人格魅力，凡事只講求自我利益，將會不利於長遠發展、不利於健康的方向、不利於整體環境的美好未來，我們且為此而嗤之以鼻，為了避免因戰爭、及仇恨、所產生的、不可預知的災難，人人皆應該在殘缺的歷史中學會如何釋懷，既知是天道因果造化了人類所有恩怨、及所有殘缺，那麼，不如坦然接受這種殘缺，因為，殘缺本身就是一種自然美。

二、完美的反面，將是一種毀滅。

人生沒有最好，人生只有更好，人類又何必局限於一個最好而無法釋懷一生呢？也唯

有不完美，才會有追求的空間，得之我幸，失之我命，坦然面對人生起落和成敗，當你渴望得到，而又得不到的時候，這便是求而不得的苦，因為宇宙早已經賜予了很好的條件給你，只是暫時你還未能明白，什麼才是你所擁有的財富，你需要靜下來仔細思考這個問題。

我們可以做一個假設，如果人人都很完美，那麼誰還會有所謂的追求呢？既然人人不再有所追求，那麼，還需要人類做什麼呢？還可以再做一個假設，如果春夏秋冬是因為不完美而存在，而不是因為完美而存在，然而，人類也是因為不完美而存在，而不是因為完美而存在，這便有一個正確結論了，正是因為不完美，才會有了你我的存在，越是追求完美，距離終點就會越近，越是順應天意自然而為，距離終點就會越遙遠。

同樣的溫度，那麼，又怎會有開花和結果呢？既然沒有開花和結果，那麼，還要春夏秋冬有何用呢？如果宇宙沒有四季春夏秋冬，那麼，是否還會有宇宙的存在呢？

那麼，便會有一個答案了，宇宙是因為不完美而存在，而不是因為完美而存在，春夏秋冬是因為不完美而存在，而不是因為完美而存在、這便有一個正確結論了，正是因為不完美，才會有了你我的存在，越是追求完美，距離終點就會越近，越是順應天意自然而為，距離終點就會越遙遠。

所以，急於成長是一個錯誤的觀念，因為，水滿則溢、月滿則虧、當水裝得太滿了，便沒有謙虛、及容量了，人生也是如此，做人要永遠保持謙虛的態度，才會不斷成長的人，終究是不會再成長、再伸展、過於驕傲的人，皆是沒有成熟的人，無限伸展，過於驕傲的稻子，才有那彎腰的風度，只有掛滿果實的樹枝，才有沉穩的重量。
因為，只有成熟了的稻子，才有那彎腰的風度，只有掛滿果實的樹枝，才有沉穩的重量。

當十五的月亮變得圓滿了，便會漸漸地開始形成另一端的不完美，所以，人無完人，人的能力也是有限的，好比聰明不代表本事，本事也不代表智慧，而智慧也不能代替德行，這人與自然宇宙道法，可謂是道中有道，天地之大，天外還有天，便是這其中的妙法了。

這人啊，不會百樣都好，哪怕命運再怎麼殘缺，人類都要學會尊重這個環境，這個環境是依靠大家的力量，所形成的社群整體，所以，不要處處刻薄待人，因為大環境互補將會帶給所有人好處，一個平凡的人，不會成為神、只有整體的人，才能稱得上是眾神。

我們還可以試著思考這樣一個問題，也許你身上穿過的衣服是祖先的仇家所製造的，又也許你生活中使用過的機器是祖先的仇家所製造而成的，有些不可思議是嗎？一點都不奇怪，這便是事實的真相，所以，人類沒有什麼是不可以包容接納的，因為，你早已經在使用仇人的東西了，那麼，人類又何必局限於自己的認知，從而去仇恨整個世界呢？

有些人，有些事，點到為止，活著，唯有認清自己、提升自己才是王道，過分要求自己，已經是不正確的觀念，那麼，過分要求他人，更是不正確的思維觀念了，明知人無完人，誰也無法成為真正的神，神只是一種虛空的屬性，你若是有神的德行，那麼，這世間便不會有神的存在，所以，人們心中的神，只是空無的化身，所謂神，既是指一種智慧精神的存在，而並非真身實體。

175 ｜ 第六章　沒有完美　盡善盡美

那麼，人們又為何要敬畏一種精神呢？答案其實很簡單，因為，人們心中嚮往美好的事物，更嚮往完美的自己，如此便自然而然在思維裡產生了一種精神上的依賴，長久以往、人們的思維，便轉換成了一種完美主義，從而平白無故給精神上增加了許多煩惱與痛苦，誠然，所有的煩惱與痛苦，皆來自於完美主義、及誤導。

正確的答案是，這世上沒有神，只有崇高的精神智慧，追求精神上的依託，才是正確的方向，然而，追求完美主義，則是錯誤的方向，所以人類需要一種精神上的依託，才能夠穩定心性，這種精神上的依託，則是一種信仰，這種信仰，才是人類真正所需要的東西。

大多數人除了追求金錢，就是追求愛情，追求金錢的人最終也不會追求愛情，得到了金錢的人卻得不到愛情，而得到了愛情的人也得不到太多金錢，因為，這人間壓根就沒有完美人生，也沒有完美婚姻家庭，這是相對性結論，如果這人間存在完美的人生，也便會有完美的婚姻家庭、以及完美的人。

有人信仰金錢、有人信仰愛情、有人信仰權力、有人信仰價值，因為這些皆是人類內在思維、及精神裡最缺乏的東西，這些東西，也只是虛空的屬性，最終也無法走出這其中的困惑，或許有人會說他已經走出這其中的困惑，然而，非也，人類只要存在這個世上，人人皆無法走出

生命的出口 | 176

這其中的困惑，只有當他真正離開那一瞬間，才能真正走出精神上的困惑。

各方法界，也皆是智慧引導，因為，人生沒有完美，所以，人類力求來自精神上的信仰，從而在精神上尋找可以依托的花園，僅此而已，正是因為難以找到真正的精神依托，所以人生無法成就完美主義，也可以這麼詮釋，即便是內心已經有信仰的人，同樣難以成就真正的完美，那麼，相對內心沒有信仰的人而言，更是難以成就真正的完美主義了。

從而人生，正是因為有了這種殘缺的屬性，所以，才有了這樣一句話：人生得一知己足矣，即便你我踏遍了千山萬水，也未必能夠尋得一個靈魂之上的知己相伴，那麼，人生得一知己足矣，所指苦海人生伯樂難尋，然而伯樂不是血緣關係，就能夠代替的精神價值，所以以上結論，皆是一個無法更改的結論，那便是人生沒有完美，只有盡善盡美。

那麼，學會降低標準，才不會令人太失望，在彼此殘缺的命運裡，學會取之所長，補之所短，因為，人類之所以失望和無助的原因，皆是因為過分要求自己和他人，只要適度降低對他人的標準，便會減少無謂地患得患失、以及無謂地怨天尤人，人生將會變得如此簡單，在簡單中快樂、在簡單中追求、在簡單思維中，學會包容整個世界的殘缺不足。

所以，不要用自己的強項去比較他人的弱點，這是極不道德的行為，這是素養的不足，也是人格的一種缺陷，宇宙天道既然恩賜給人類特定的生存條件，那麼，它也定會有制裁

177 ｜ 第六章　沒有完美　盡善盡美

人類的方法所在，天道不會放過任何人的虧欠，因為天道便是因果，因果便是天道。

所以，人生正是因為不完美，從而讓我們學會了如何包容、學會了如何守望、學會了如何釋懷，所以放過他人，便是放過自己，放過他人的殘缺不足，便會成就自己的德行、及素養，通過他人的殘缺，從而更能完善自己，難道不是嗎？

那麼，為何一定要用言語去傷害他人呢？為何一定要用強迫去左右他人呢？這些，都是自我內心虛妄地想法，因這些虛妄地想法，導致了不可更改地傷害，導致了不可更改地因果，於是虛妄和狂妄，皆是不可取的行為，因為修為素養不夠，所以才會產生虛妄、狂妄、這種精神，這便是人類惡性因果基因存在，且循環於人類精神世界裡、不斷在干擾。

既然來到這裡，人生沒有回頭的機會，所以，即便是殘缺又如何，這一路，且行且珍惜，這天下沒有那麼多完美，也沒有那麼多運氣，一切都是個人造化而來，都是因果輪迴而來，上半生牽制於父母的因果，下半生便要好好做一回自己，在因果中尋找思維的出口，在殘缺中學會理解宇宙的無意傷害，一切有增有減，皆如同無增無減，難道不是嗎？

生命曾經來過，只是一剎那，歸去也是一剎那，塵歸塵，土歸土，陰歸陰，陽歸陽、生來無有、離開無有、那麼，人生還有什麼虛幻是不可放下的呢？學會走出困惑，走出精神與慾望給人帶來得煩惱與牽制，你便會是時代的贏家，要知道，贏過他人並不是真正的

生命的出口 | 178

本事，而贏過自己，才是真正的本事，以人為本、以善為根，才是真正的精神領導者。

一切虛妄的物資、及貪婪、皆只是眼前需要與幻想，有些東西，只是需要，比如金錢，皆只是生活中一種需要，金錢不是生命的全部，只是想要，而有些東西，才是真正屬於你的寶藏，而精神寶藏，皆無法用金錢來衡量，所以非常珍貴。

人們為什麼時常把金錢掛在嘴邊，又為什麼時常把金錢看得比責任、及感情還重要呢？以科學角度去觀察，實際上是一種極端人格缺陷，這些皆是人類內在貧窮基因，而所導致的結果，只有精神世界極度貧窮、且匱乏的人，才會把金錢看得比人命還重要。

人的認知決定了言語，人的格局決定了圈子。然而，不要總是用自己的標準，去衡量他人的人生、去要求他人迎合自己，人的素養決定了彼此之間的關係是否舒服，人的心胸決定了一段感情是否走得長久，越是要求他人完美，越是提早讓關係走向結束。

人類本身就是不完美的生物，也是極度對立的生物，人的精神思維深度決定了人的格局，人人待人接物有著不同標準，物以類聚、人以群分、所以，無須強求、也無須挽留。

三、殘缺人生，如何向內求？

既知天意難為，那麼，用自己最真誠的靈魂、靜靜地完成這一生的使命，關於成長，

179 ｜ 第六章　沒有完美　盡善盡美

一步一個腳印很重要，靈活變通更重要，人生這條路，沒有固有成長框架，要懂得與時俱進，努力精進做好自己，才是重要的事情，因為，每一個人都是屬於唯一的品牌，你就是獨一無二的品牌，無關年齡、高低、貧富，你只需要用心去經營好自己便可。

知道嗎，最能芬芳的花朵，皆是綻放在最艱難的環境之中，因而人生，越是艱難、越能芬芳，也唯有殘缺美，才能夠綻放出獨特、及芬芳，這是一個固有定律導致，然而，借著時光推移，生命在殘缺地遭遇之中，盡自己所能便可，這已然是一種小小完整。

那麼，成就完整的前提皆是不完整，所以安逸的環境，只會滋生出更多缺陷，於是，安逸這個名詞在成長中，又扮演著逆向的寓意，越是安逸，越會停留不前、越是安逸、越快走向終點、於是生命不得不前進、不得不逆流而上、而成長，既是逆水行舟，不進則退。

然而，過於急進地成長方式，也會更快走向人生的終點，這一切皆因失敗的教育基因而引起，人們習慣脫離人性的本質去追求虛無的名利，最終，只會造成不能挽回的悲劇，當然，樂在這其中的人們毅然決然地不會認為錯在哪裡，因為，貧窮因素導致人類害怕貧窮，從而拚命地追求自身沒有的東西，這已是一種自然現象，然而，真正又有幾人能夠對抗貧窮？真正又有幾人能夠拒絕虛無誘惑呢？我想，這種健康的人少到千萬分之一。

人性的本質，便是一種殘缺和貧窮，無論在任何一個年代，以及任何一個富有的家庭，

生命的出口 | 180

皆是如此，因為，當他的起步越高，他的慾望就會越大，反之在貧窮的家庭，他的慾望則會相對降低，這正是人性的慾望永遠無法填滿的因素，從而貧窮基因，便會因此而產生，從而人的殘缺，便會因此而天生自帶而來，然而，內心無缺、才算得上是真正健康的人。

何為內心無缺呢？比如不缺少愛、不缺少名、不缺少利、不缺少自信，唯有如此不缺的人，才能夠算得上是真正健康的人，熬不過這些貧窮的人，皆是不健康的人，那麼，我們可以試問，這世上能有幾人做到無缺呢？答案是否定的，也是千萬分之一的可能性。

如此便有了正確成長方向，既然人類天生殘缺無比，那麼，生命追求的本質則是無為本才是正確方向，那麼，你的人生還會不會產生因果悲劇呢？答案自然是否定的。

所以，教育一直都是最重要的基礎基因，然而，更重要的事，則是要不斷反省自我，在每一個成長階段下，都要不斷完善自己天生不足的教育基因，如此才能更好地成長，原生的教育基礎下做到完善、進階、創新、覺醒、才有無限成長可能性，否則，一個只求名利而不思進取的人，即便是賺取了再多金錢，即便是讀到了再高學位，最終也只不過是一個目空一切的盲目狂徒，我們為此而深以為然，且為之而唏噓不止。

181 ｜ 第六章　沒有完美　盡善盡美

我們可以時常試問自己，這個環境中的人類到底是怎麼了？然而，健康與疾病一直是並存的共同體，原本一個很健康的人，經過時間慢慢地成長、慢慢地成長、最終卻成為了一個自帶疾病的人，幾乎每一個人都要經歷疾病與死亡的過程，那麼，我們不得不清醒地認知這個嚴肅的問題，人類要如何才能抵制這些不健康的疾病，才是人生中最重要的事。

當你有了足夠溫飽，你身上的疾病是如何產生的？這是值得人人去深思的問題，病毒本身不能控制人類精神系統，能夠控制人類精神系統的只有思想，那麼病毒是由思想而產生的？所以，病毒才能夠傷害人類？換言之，精神病毒，皆是由思想而產生的，所以，精神病毒能夠間接傷害人類。

那麼，便會有一個答案了，人的精神主控者是人的意志力，人的意志力能夠決定人的精神狀況，同時，人的意志力，也能夠殺死病毒、以及思想病毒、所以，提升意志力，便能夠成為一個相對健康的人，便能夠向內心尋求自己索要的東西，這便是自我供養能力。

有了自我供養能力，便會有極高的精神抗壓力，這種精神抗壓力，便是你的健康資本。

當你擁有了高度意志力，你便會精神無缺，你便有能力去解決一切生活上諸多問題，然而，高強意志力，也正是上層精神表現族群，高度意志力人群，則是一群能夠抵抗貧窮、排除誘惑、解決問題的高級精神族群，當然，這類人皆是來自於平凡人中的不平凡人士。

習慣性向內心索取、習慣性自我反思、習慣性祝福，也正是這些精神好習慣、思想好習慣、觀念好習慣，在不斷促進精神層面的進階領域，從而得以身心長久健康發展、一切眼前皆是虛幻、一切眼前皆是精神所致、一切眼前皆受意志力所控制、所決定、所以，一切來自於虛空的思想、及精神，那麼，你需要的一切美好，皆可向你的精神內在索取。

是的，唯有向精神內在索取，才會有所回應，向外索取，不但不會有回應，反而還會有傷害，當然，外來傷害可能毀滅你的自信，同時也可能提升你的鬥志，這便是世人長久以往都不缺少的精神攻擊，相信大多數人都曾感受過在艱難中卻無人幫助、無人相信自己的經歷，要知道，苦海人生、冷暖自知、你唯有自救、唯有向內求，才有重生地可能性。

總有一天你會發現，一切都是最好地安排，因為，這樣才能讓你得到最好的鍛鍊，挺得過去，人生便是晴天，挺不過去，天道也不會替你安排這一場考驗，你要相信一個固有的定律，你人生的遭遇有多艱難，你的能力就會有多強，既然困難壓不倒你，那麼你要相信，天道一定會有其它用意，只不過現在的你，還沒有明白其中的妙處，這個妙處，便是用最適合你的方式去改造你、成就你、讓你遇見最優秀的自己，讓你遇見人生最美的風景。

天道不會平白無故去鍛鍊一個平凡人，既然天道選定了你，你便是一個幸運的人，無論風雨有多大，你都不要放棄自己，試著逆向思維，天道即將降大任於你，你應該感受到

183 ｜ 第六章　沒有完美　盡善盡美

無比榮幸之至,那是因為安逸的人生並不適合你,所以,天道將要細細地打磨你的完整。

正是因為不完整,所以要變著方式來讓你完整,就好比一塊材料,無論你是大器材,還是小器材,皆會扮演著重要的角色,要相信,這世上沒有無用的材料,只有不對的方法,只是將你放錯了地方,把一顆種子種在正正確地方才會完整綻放,若是種在錯誤的地方,則會失去它的本質價值,所以,為自己尋找一個正確位置,才是成長中關鍵的事情。

誰的人生不是在錯誤中慢慢地更正?誰的人生不是在更正中慢慢地成長?要知道,錯誤並不可怕,可怕的是人性善變,這個世道不是你對他人有多好,他人就一定會回報你多好,不是人人都會像你一樣善良,不是人人都會像你一樣把人性想得如此簡單,因為,人人皆是為了自己而活,從而人與人之間唯有利益,才是維持關係長久的唯一方法。

無論你信與不信,這都是無可厚非的事實,因為,人人自一出生便是一種殘缺性,人人自一出生,便會需要不斷追求,然而,在追求地過程之中就會有所選擇、有所改變、有所傷害、這是人類的本性導致,那麼,如何才能控制本性不會演變,這也許無人能做到,因為生命只有前進的可能,生命沒有倒退的可能,所以,成長只是一種生存的本能。

因為沒有倒退地可能性,所以最終人類會形成一種局面,同類物資主義者會比較靠近、同類精神主義者會比較靠近,而人與人之間就像八卦一樣黑白交錯、並存於環境之中、且

是黑中有白、白中有黑，然而，每一個圈子都有正義的一方，也會有邪惡的一方，在這個環境中的任何一個角落都會有平衡支撐點，這個平衡支撐點，便是人道、及天道。

因為，有了天道，自然也就會有人道，天道的公平之處則需要人道來完成，所以，在特定的人身上有著特定的使命存在，這個使命也是環境的需要、人道的需要、天道的需要，如此才能使得環境平衡運轉，也正所謂天外有天、道中有道之寓意，而人性若是離開了道義，便會不在天道之中，也不在人道之中，那麼，其結果將會是惡性因果不斷輪迴。

歷練因果輪迴，這是每一個人必須面對地考驗，人人將會經歷一場重大人生考驗，這一場考驗，將會把人類分類為善與惡的因子，分為人與魔與神的圈子，由個人選擇不同而決定其因果、及善惡，然而，是平庸，還是上道之人，皆會在人生考驗之中一一呈現。

當你有一天真正看清了人性，當你不再依賴親情、不再依賴大部分的人，你的內心就會開始變得強大，你會明白人性的本質從來都是虛偽外觀，你會了解什麼才是大徹大悟、什麼才是虛偽人性、什麼才是虛空利益、你還會清楚地知道，那些傷害你的人，才是來成就你的人，那些表面上的君子，也許是真正的流氓，那些表面上的流氓，也許是真正的君子。

四、人生沒有完美，只有盡善盡美。

漫漫長路，人生不得不走到周旋於善惡之間這一天，即便你再如何不願意去傷害他人，最終，還是會走到陌路那一天，這是天道有所安排，不用懷疑，這也是每一個人想躲也躲不掉的遭遇、及篩選過程，這便是上半生的因果，是人類的環境、及遭遇決定了因果，然而，因果不可改，一切遭遇皆是不可更改的歷史，如同因果，皆不可更改。

然而，善道始終是善道，君子始終都是君子，無論在哪一個朝代，君子與善道，一直都是平衡人類的基礎因素，然而，邪道也一直都存在這個世道，這是永無休止地對立之說，那麼，當人類從邪氣逐漸走向正氣的時候，這便是一個修道過程，相反，當人類從正氣逐漸走向邪氣的時候，這便是在製造惡性因果，這也是所有成年人的因果演變過程。

所謂邪道只講求利益，邪道把利益看得比人的性命更重要，然而，善道只講求人道主義，善道的人把人的性命看得比利益還要重要，以善為根，無論遇到任何災難與考驗，善道的人都不會事先選擇利益，而是事先以人道主義來思考、處理問題。

不要跟一個完全以利字為中心的人去談感情，因為他們心裡在意得只有權力和利益，因為他們沒有空閒跟你談人道、及感情的事情，認清這個事實的真相，才能學會保護自己，人生是一個漸漸走向商業化、理性化地過程，而感性將會慢慢消退，這也是人性成長演變

生命的出口 | 186

地過程，因為，人類將會越活越理性、越活越現實，許多天真、及感性、在生命的成長過程中都將會慢慢變得理性化，這世上，也只有君子、及善道中人，才會跟你講仁義道德。

君子與小人的區別，不是取決於身份、地位、及家室背景，君子與小人的區別，取決於人的德行、素養、胸懷、及正義仁道、這些素養皆無關貧富，也無關人類地位高低上下，無論在哪一個朝代，都會頻頻上演君子與小人的因果故事，從而人類來到這個世上，將要不斷演繹天道與人道之間的因果故事，所以，人人皆要敬畏因果，但是不要害怕因果。

因果沒什麼可怕的，應該走得總是會來，應該走得還是會走，任何人也無法挽留不是屬於自己的東西，所以，不如坦然接受因果，要知道，屬於你的東西，將會一直都在你身邊，而不屬於你的東西，即便你再如何強求，也還是挽留不住，那麼，不如隨緣、隨緣而聚散、隨緣而取捨，那麼，不如看淡，既是懂得了珍惜那些珍惜我們的人、尊重那些尊重我們的人，唯有如此，才是無愧於天地、無愧於眾生、無愧於自己。

當生命來到時，我們為了疼痛而哭泣，當生命離開時，我們還是為了疼痛而哭泣，不同之處在於，生命來時哭泣的人是自己，而生命走時哭泣的人卻是他人，所以，人生來去皆是為了一場哭泣，是的，僅此而已，你我只是為了這一聲哭泣而來，那麼，你我又何曾擁有過什麼呢？既然生命從未擁有過什麼，那麼，生命來與去，你我又何來失去過什麼呢？

是的，我們不曾得到過什麼，也不曾失去過什麼，因為我們從未擁有過什麼，我們所擁有的只有當下的每一秒呼吸、及感知，然而，能夠長久陪伴我們的永遠都是自己當下的靈魂，當有一天，你被人情世故傷到體無完膚的時候，你便會知道，在感情上你原來從未擁有過什麼，當有一天，你的父母也不在人世間的時候，你才會發現，原來人生只是為了這一場哭泣而來，原來生命的最初與最後，不過是為了一場聚散離合地演繹罷了。

既然人生無法完美，那麼，不如簡單看待人生，不如看清、看淡、看清人情世故、看淡生離死別，你便學會了放下，放下不是放棄自己，放下不是不再追求，放下是為了更好地活著，放下是不再去為不屬於自己的東西，而去消耗自己的情感，放下還是無所畏懼這人世間的悲歡離合，因為，你知道，就算再親密的關係，終有一天會曲終人散，所以，不如淡然、不如坦然、淡然面對人生一切得失，得之我幸，失之我命，且無須過分自責。

生命來到是為了更好地開始，於是離開也是一種美好，因為結束皆是為了更好地開始，那麼，人生何來遺憾，又何來失去呢？人生只需要做到盡力就好，至於因果如何擺弄，皆不是你我所能夠控制的事情，擁有自在之心，便是擁有了自在人生，從而所有的到來，皆是為了平等心，正是因為人人皆會離開，那不就是一種平等嗎？那麼，所有的失去，也皆是為了得到自在心，於是，生命來去，皆

是為了無我心,因為生命到來,皆是為了要好好地離去,這不正是漸漸地無我了嗎?

然而,人生境界成長有三難,一難、在於沒有平等心;二難、在於沒有自在心;三難、在於沒有無我心、這便是一切痛苦的根源所在,人生三難,若是能夠超越其中兩難境地亦然是上上素養,殊不知大多數人超越三難的其中之一亦是不容易,因此,人類的心理就會產生疾病,由心理上產生的疾病,從而再導致身體上的疾病,這便是修為與教育基因問題。

良好的教育基因,將會形成良好的修為就是素養,祖先留下的教育基因,將直接影響每一個人的人生未來,既然如此,那麼人類只有自己才能夠解救自己,因為早期的教育基因皆是殘缺的教育基因,隨著時間推移,過去那些不良教育基因,若是想要連接上新時代的軌道,這將會是一件非常吃力的事情,所以,人生唯有自度、自悟、最為明智。

因為父母會老去,因為親人會越來越現實,因為朋友也有自己的難處,所以,人活一世要學會包容和理解,當你明白自己的不容易,同時也應該理解他人的不容易,有些人,日子過得春風得意,只不過他身體裡早期潛在的教育基因較為良好,有些人,日子過得狼狽不堪,只不過是他身體裡早期潛在的教育基因有過多殘缺所導致,所以,成功並沒有什麼好驕傲,而失敗也並沒有什麼好悲傷,只要你找對了方法,你也會成為真正的強者。

用思想思考、而不只是用腦袋思考；用良心說話、而不只是用嘴巴說話；人人皆會原諒自己，為何人就不能擁有一顆平等心？答案是因為人類都有自私的屬性，人人皆知道自己的不足之處，為何人無法修得一顆平等心？答案是因為人類的境地不夠，人人皆會了解自己總有一天會離去，為何人人皆無法擁有一顆無我心？答案是因為人類不知道自己哪一天才會離開，因為不知道哪一天才會離開，所以，人類的狂妄之心一直都無法根除。

若是人人能夠學會去清除自私心、貪婪心、及狂妄之心，人人便能修得一個健康的靈魂，同時也就擁有了一個健康的身體，難道不是嗎？那麼，有人說，這些只是小事，既然是小事，又為何人難以做到呢？這便有了一個答案，正是因為人類忽視了小事、及細節重要性，所以，小事變成了大事，變成了更大的疾病根源，這便是因小事大的緣故了。

那麼，只要把小細節控制好，只要控制好自私心、貪婪心、狂妄心、慢慢地控制以上三點不足之處，便不會有太大問題來干擾我們的健康了，原來人生如此簡單就可以健康的生活了，那麼，為何人類總是習慣自我放大自己的價值呢？正確答案是每一個人都有他重要的價值，價值不在於高低、大小、價值來自於需要他的人、以及需要他的地方而定。

然而，人的價值不分階級、學歷、貧富、高低、只要是有人需要你的存在、只要是有地方需要你的存在，你就會有非常重要的價值，即便是某些時候，沒有人、也沒有地方需

要你,那麼,你的靈魂也會需要你自己的陪伴,難道不是嗎?這便是要用平等心去看待人事物的原因了,這也是擁有了平等心、自在心的核心價值、及意義。

雖然沒有完美的人生,但是人人皆能夠擁有獨特的價值,這個價值,且是他人無可取代的價值,所以,只要還有呼吸,那麼,就要相信自己的價值一直都在,不要被任何人矮小自己的生命價值,遠離那些拉低你能量的人,你才會更好地成長,所以想要好好成長,那麼首先要相信自己的生命價值,相信總有一天,你會成為自己的人生領航者。

從而人人試著去完善成長,所以人生之路,一直都在成長過程中沉澱、覺悟、進而向上發展,人人皆用心神主導自己前行的方向,這個心神,便是人的心智,這個心智將會帶著我們漸漸變得強大起來,當你歷經了人生起起落落之後,這個心智便會喚醒你的生命韌性,而生命韌性,將會為你轉換一種能力,使得你能擁有前所未有的自我保護能力。

是的,不要害怕失敗,所有失去都將化為一滴眼淚,這一滴眼淚將有助於成熟你的心智,而你的成熟的心智將轉換成一種生命韌性,這種韌性便會成就你後天的能力,總有那麼一天,當你不再哭泣、不再依賴任何人的時候,你就會發現,所有的失去都將會成為人生的另一種得到,而曾經地一切傷害,都將會有益於你更好地伸展、更好地完善自己。

人生沒有完美、只有盡善盡美,這便是每一個人的幸運之路,雖然人人有所因果,但

是這些因果正是為了你能更好成長，才安排這一場幸運故事，這將有助於我們圓滿完成生命的使命，生命因為殘缺、才會走向完滿、才會走向完整、這便是一種盡善盡美地過程。

再多的殘缺故事、及例子，皆是為了整體環境而填滿、而互補、這是一種科學性推理，沒有曾經的不完美，便不會有如今的圓滿方式，無論從哪一個角度來觀察，皆有著正確的推理邏輯、及結論，那麼，在這樣一個越來越優越的時代裡，人類是不是更應該樂觀面對人生呢？那麼，為何在這樣一個優越的時代裡，人類還是想要用戰爭來解決問題呢？

是因為仇恨？還是因為因果？答案皆是，是仇恨產生了因果，也是因果所產生了仇恨，要如何才能夠化解這種由因果所產生的仇恨，才是人生中的大事、才是所有人的責任、人類只知道如何進步、如何發展、如何致富、這永遠是不夠的，可曾有人停下前進的腳步，試著問問自己的心神，我們真的就如此強大嗎？我們真的如此優秀嗎？答案皆是否定的。

無論科技如何進步，無論時代如何便利，人類的內在精神系統總是殘缺、且不知足的，正是因為這種殘缺而不足，才會導致今天的進步發展，越是發展速度、越是代表人的內心沒有安全感，因為，沒有安全感，所以，人類才要拚命求發展、求進步，才得以修建自我保護機制，顯而易見，人類內在精神始終都是殘缺，且沒有安全感的存在。

那麼，我們可以試想，當我們把填充內在精神放在主要位置的時候，是不是就會相對

減少精神上的不安全感呢？簡言之，當我們的精神上得到了滿足之後，那麼，是不是就會有相對安全感了呢？有了相對安全感之後，人的內在精神是不是就會相對比較富足呢？又好比一個正沉澱於文字工作中的人，他的大腦在幾小時之內一直都在思考一些問題，那麼，在這個沉澱中的幾小時，他在精神上是不是很富足呢？這個答案將是肯定的。

所以，當人的精神得到飽滿的時候，便不會被外界所打擾，不被外界所打擾便不會有不安全感產生，相反，當人的精神空洞的時候，則更容易被外界打擾，而當你被外界打擾了之後，便會有不安全感產生，那麼，結果顯示，不安全感皆由精神匱乏、無知、及空洞所導致，而這種精神上的匱乏、無知、及空洞、也正是教育基因所導致。

那麼，想要解除因教育基因而所導致的精神匱乏、無知、及空洞、便是要充實自己的精神層面，而充實精神層面，則是需要大量學習，通過學習來填充精神上、認知上的不足之處，通過學習來改變對這個世界、環境、及因果的正確認知，從而你還會收穫進階思維模式、收穫飽滿的精神狀態，得以解除因果所產生的不安全感、無知感、及匱乏感。

所以，為了更好地完善自己、超越自己、更好地卓越人生，也唯有努力學習、不斷精進自己，才有改變精神內在貧窮的可能性，才是覺悟人生的唯一通道，人若不努力、不修

善自己、那麼，因果也將會更加嚴重，且是一代接著一代惡性循環，直至斷絕基因，從而想要盡善盡美這人生之路，便先要深刻反省自己，唯有深刻反省過自己的人，才知道自己的不足之處，了解自己的不足之處，便能夠清楚認知自己，也便能解除狂妄心、無知心、解除仇恨之心、解除一切不利於健康的成長因素，如此，我們的前方將會是一片陽光與和諧。

第六章　沒有完美 盡善盡美

第七章　知因果者　無懼因果

一、修身立己、得以出世紅塵。

上半生的因果，皆是祖先所給；下半生的因果，皆是自身造作而來。因果並不可怕，可怕的是不想改變自己的人。這也正是中年之後的人們為何疾病纏身的原因。所以，越早改變自己、反省自己，疾病就會離你越遠；越是執迷不悟、狂妄自大、驕傲自滿，精神疾病就越容易靠近。相信人人皆想要過得更好，相信人人皆需要修善自己。那麼，既然明知人生疾苦，不如試著去理解、包容、化解，壓制暗黑力量的干擾，美好才會有未來可期。

正所謂海納百川，要知道，唯有海納百川之胸懷，才有遠離疾病的可能性。然而，「人不為己，天誅地滅」這一說法，也是有所道理的。人人皆是為了自己而活，這種說法並不為過，因為生物天生就要學會索取才能生存，這是無可厚非的事實。難道不是嗎？

只要是在不傷害他人的前提下去索取，這些索取皆會值得被包容、被原諒，只要你不以傷害他人為前提所得到你應該得到的東西，這也是一種天性、及美德、是一種天生的善根、及修為、也是一種美好的基因延續、延續了人類的天性美好。

我曾在人生的低谷裡看清了世態、及人性，但我始終珍惜，這微弱生命是父母唯一的恩賜，我們要試著用智慧去化解外界帶來地一切精神痛苦、用理性去拒絕一切與良善無關的侵略者，然而，我們要切記，這人生修行之路皆離不開三個要點，一是懂得避開負能量，二是懂得閉門思己過，三是懂得修身立德性，這三大要素缺一不可，缺一則將無以成器。

然而，修身立德也有很多種方式，一個懂得修身立德之人，在其內心會自然而然形成一種信仰，我們應該尊重這種生命自帶的信仰，因為這種信仰所指信仰自己、相信自己，所以，無論你內心是哪一種信仰，皆是值得被尊重的，因為，至少你還懂得修善自己，至少還懂得正向思維，至少還能認清人生方向，那麼，信仰則是一種難得的自我覺醒。

無論你的內心信仰耶穌也好、信仰佛教也好，這些信仰，皆是代表你心中還有幾分謙卑、還有眾生、及你本我的存在、比起那些目空一切、狂妄自大的人而言更加自愛，這些自然而然，且由心生的信仰不需要任何人來強迫，人生的經歷越多，人們便會自然而然地入門入道、步入思維更高境界，只要心中還有良知、信仰、還有蒼生、就不必害怕苦難與病魔，因為，你心中的信仰，一定會替你找到解除困惑和答案，只是需要些許時日罷了。

信仰耶穌是西方的文化，耶穌是以內心的念力來求神幫忙解除痛苦，人們稱耶穌為神，在人們內心認為天神是有求就必應的，其實不然，天神的寓意，是指只要你心中相信有神、

197 ｜ 第七章　知因果者　無懼因果

相信你自己、相信人類的善良，那麼，一切痛苦皆有可能改變，一切好事皆有可能發生。

然而，信佛是一種人生的境界、及智慧，修佛性，這是指每個人心中都應該要有一個敬仰的佛化身，因為心中有了高尚的佛化身，也就有了生存的智慧、及能力，心中倘若有佛化身，又有智慧的人，自然也有能力，去化解生命以外的痛苦了。

這些滋生在生命裡的信仰，將會根深蒂固影響我們每一個人的一生，這便是一種生命與智慧的融入了，生命自然而然地到來，生命自然而然地離開，活著，凡事盡自己所能便好，要知道，這世上人人皆苦，然而，這人生的苦，也皆是良善與惡魔之間的鬥爭所產生，從而產生了因果與輪迴，我們要用智慧與念力，去化解一切痛苦帶來的精神打擾，我們只需要知道，遇到任何事情、及問題，都只是為了瞭解它，而不是為了這個問題，去傷害自己、去傷害他人，只要你懂得理性處理生活中的各種問題，你也便是一個有智慧的人。

與人為善者，皆良人、與人為惡，結惡因，為人心不正，自私自利，其兒孫難以立信、立德、做人莫要虛偽、要誠實，兒孫才會有上好福德庇佑，為人現實皆是人性本質、但是為人狡詐，虛偽皆不可取，要知道，這世上自有高人存在，且高人無處不在，高人不會當面說破因果，人人會在漫長歲月，幾十年之後才會明白因果，這便是良善人士的大德之處，大德之人平衡環境，且無處不在，所以，不要去傷害大德之人，否則必會形成惡性因果。

無論是耶穌、佛教、宇宙道法，都有著相通的核心智慧意義，這個核心便是教導人們要用智慧活著，不要盲目追逐虛名虛利，成長只是人性本能，但是生命的成長，應該皆要良性成長、良性追逐、良性佈施、生命的成長，不應該是惡性存在、及惡性追逐。

要知道，人們心中信仰的神也好、佛也好、道也好，其所弘揚的皆是一種無私、且大愛的精神，然而，人生之路，一切福田自有方寸，而這個福田，所指得並非是金錢，而所指得是一種正向的愛與精神、一種平衡的愛與精神、更是一種高尚的愛與精神。

有人會問，何為真理？如果真要追究真理，那麼，真理既是大德、大愛的本質，而無德、無愛的靈魂，自然是如同一具行屍走肉存在這個世上，他們只會看到自己的利益，而這個利字，則是純粹利我的本質，而不是利我、也利他的本質。

這也便是人性本質的區別之處，而人與神之間的區別，也正在此處彰顯，然而，事實上，人也是神、神也是人、人與神，皆是共同存在這個世間，且是不同的行事方式，同時也是一直對立存在這個環境之中，俗語說物以類聚、人以群分、這個分類的產生，皆會因一個利字而產生，人與人之間會因為他們共同的利益、共同的信仰、從而自然組群、及聚散。

這紅塵修心有三難，一難放下仇恨，二難捨得利益，三難修好人性。

然而，一切仇恨的產生，皆因一個利字而產生，一切利益的爭奪，也皆因獸性而產生，如若人人皆能夠修得好人性，那麼，自然也就少了許多得爭名奪利，也就自然會少了許多得仇恨、以及惡性因果，所以，最終修身立德，才是人生的關鍵課題。

無論有多大本事，皆要修得一個好德性、好人性，這個德性也便是個人的素養，上下幾千年智慧，皆是以德才兼備而立人，因為，一個素養高的人，即便是遭遇再大風雨、及苦難，他們都會做到盡善盡美，因為，他們身上有一種無形的神秘力量，這便是一種美德，這種美德，將是一種無堅不摧的生命韌性，也是一種強大的內在生命氣息。

所以，受傷了，不要害怕，哪怕此時的你正遭受萬箭穿心地痛苦與折磨都不要放棄、要相信自己，要知道，這是老天正在打磨你，讓你有機會在萬劫不復中歷練重生，讓你有機會在絕境中脫胎換骨，從而讓你能找到生命的真諦、找到智慧的起源、找到真理的本質。

無論你正處在哪一個階段性地成長，希望你永遠記得一句話，不要高估你在任何人心裡的位置，唯有這樣，你才不會有更多地失望，你要永遠記得一句話，唯一能夠解救你的方法、及途徑、皆來自於你的遭遇，因為，生命唯有在逆境中遭遇不可控的痛苦、及折磨，你才有可能真正了解人性的本質、環境的本質，才有可能真正找到人生智慧的出口。

是的，唯有找到智慧的出口，才會出現靈魂的蛻變，當你的靈魂蛻變強大，覺悟後的

一切美好，皆是屬於你自己的財富，能力是你的、時間是你的、自在也是你的、於是這個世界也便都是你自己在掌控，要相信，一切好與不好得遭遇，皆是最好得安排，因為那是屬於你獨特的歷練、屬於你獨特的權力、也是屬於你獨特的財富。

有人會問，這個財富是什麼，這個財富既是金錢的財富，也是精神的財富，還是無形的財富、更是無限的財富、易言之，能夠移動的智慧，才是你真正的財富，因為，災難能夠帶走你的一切，但是災難帶不走你的智慧，所以，你唯一的財富，便是你獨特的智慧。

無論貧富，盡其可能修好德行，才有人生最大的出路，要記得，越是看不起你的人，越是能夠讓你成長，素養差的人都是來渡你的，你要記得一個不變的真理，他人的素養越低，則證明你的素養越高，所以，不必為了素養差的人而無法釋懷，因為他們都是來渡你的。

也唯有修好心，才會收穫好的德行，要知道，紅塵修心自然是一件漫長而痛苦的事情，如果事事都那麼容易，那麼，便不會有優秀的人出現，有的只是平庸、俗不可耐、既然這樣，你又何不選難度更高的事來成就自己呢？所以，一切好與不好得遭遇，皆是最好得安排，因為人生走到最後，皆會進階了你的思維，成就了你的智慧、皆會昇華了你的品味

二、擇善者而從之、擇惡者而棄之。

有人問蒼天，為什麼我付出了一輩子，還是覺得受盡了人性的折磨？

善者們，還是清醒、清醒吧，因為你我的善良永遠也喚不醒任何人的自私與貪婪，因為有些基因永遠只把他們自己的小我利益當作首要條件來思考，只要能夠達到他們的目的，他們定會不擇手段來拐彎抹角殘害善良的人們，無論你有多麼優秀，無論你對他們有多麼仁慈、寬恕、也都無濟於事，因為，在原始獸性心裡，永遠只有利益才是最重要的。

是的，這是一個上古人至今都無法解決的問題，從古至今，人性的虛偽面具一直都在更新，隨著時代的進步，人性的虛偽面具更新，也只是換湯不換藥在輪迴表演，於是商人們變得越來越高明了，騙子們也變得越來越會偽裝了，然而善良的人們總是在吃盡了苦頭、受盡折磨之後，才會明白一個真理：人皮、只是用來包裝的工具，你不要總是用雙眼去看人、你必須用心去感受他、去聽他所說、你才能夠品味什麼是人性、什麼才是獸性。

成長的意義本身就在於一種覺悟，所以，成長必須是受盡了無盡的精神折磨之後，才能稱得上是磨練與成長，然而，成長皆是為了讓你明白自身的使命、及責任是什麼，因為，老天自有安排、善惡天道自有定奪、所以，生命成長地意義在於價值、人格、及德行，時常進階思維、逆向思考邏輯，在紅塵中力求修得一顆大愛、且捨得的心，要知道，

人類千古不變的美德、及傳承，皆要以人為本、以善為根本，才是真正的上上若水，才是真正的以德立人；如果學習只是為了打敗他人，那麼，你的人格就扭曲了；如果成長只是為了目空一切，那麼，你的德行就扭曲了；如果善良失去地只是金錢，那麼，邪惡失去地則會是人心。

這便是分辨善惡的細微之處，也便是透析人與獸之間的區別之處，所以，用心去感受人性，不要用眼睛去觀察人性，因為，你永遠不會懂得演技的高明之處在哪裡，我們只需要懂得真誠待人接物、懂得厚道禮尚往來，就能夠找出善惡、及痛苦地根源在哪裡。

總有一天，你會明白人性的面具、實質上是多樣化得存在這個環境之中，而人性的本質，從來都不是我們想像得如此美好，當然，只要你能做出正確的選擇，那麼，痛苦就會隨之而消失，從而美好、依然會伴隨你前行，從而正義、也依然會陪你替天行道。

既然來到這個世上，便要珍惜生活、珍惜那些愛著我們的人，更要懂得滴水之恩、定當湧泉相報，這人啊，這一生並不會很長，那些曾經真心幫助過你的人也並不多，不要因為自己變得強大了就忘恩負義，要知道，失去一個真心祝福自己、真心幫助自己的人會是一輩子的損失，因為失去一個真心幫助自己的人，等於失去了良好風水，不假時日將必敗矣。

總有那麼一天，你會習慣善與惡之間的折磨，總有那麼一天，你會明白痛苦與快樂，皆是並存的，只有當你學會了如何平衡得失、如何轉換成敗、善用其中的妙處，你就會明白，一切巧合皆是屬於自然、一切無常皆是屬於正常、一切安排皆是最好得安排。

也總有那麼一天，即便你明知道它們對你的殘害，你還是願意選擇對這個世界真誠以待，即便你明知受盡了折磨、受盡了虧欠，你還是願意善待你應該善待的人、去珍惜你應該珍惜的事，那個時候的你，將會變得無堅不摧、將會變得更加仁慈、且厚道。

紅塵來去，明知生命來去皆是一場空，那麼，便要學會取捨、學會放過自己，因為，這個世界大環境在你到來之前，原本就是如此複雜，而人性善惡本就是多元化得存在著，所以，智者們都懂得，擇一方淨土、安之若素、棄暗投明、相望於江湖、安然度過此生。

是的，與其懷恨於江湖，不如想望於江湖、不如靜候一壺茶香，擇一件喜愛之事，忠於其一生一世守候、關於成敗、得也安然、失亦泰然，當你沒有多餘的力氣，再去為一個人、一件事去生氣的時候，那個時候的你，也便是愛也過了、痛也過了、恨也過了、於是你便不再為人性的醜陋再受盡了精神的折磨，這個時候的你，也便是脫離了人生的苦海。

人生，唯有行到精神脫離苦海這一天，你才是真正認識了自己、認識人性真偽，你才會有機會品味到屬於你自己的那一壺獨特清香，你才會懂得，這苦海生涯，且與仁者同行，

生命的出口 | 204

且與良人掏心、且與智者平天下，這漫漫人生路，也唯有行到如此境遇，你才能夠有幸品嚐到這一盞苦海清茶，你會發現，這一口清茶盡是如此甘心、點滴清香，且又不刻意做作。

品茶、如同品味人生，悟道、也只在一盞茶之間覺悟。

是的，做人無須刻意做作，要相信，天道無私，一切自有因果懲罰，為人表裡如一、忠肝義膽，才是最好的品格，要相信，公道自在人心，當你我在涮茶的時候，才會彰顯這個公道杯的妙不可言，然而，只要你還有一席之地，便會有一個公道杯、及伯樂的存在。

那麼，同行者，必須在你生命中佔有一席之地，才會出現一個公道杯，那些走不進你席位的人，你又何必跟他們費盡心思談公道呢？與其為了正義、公道、去撞得頭破血流，倒不如畫地為靜，不如熱一壺好茶，邀約三五伯樂入席，暢談天地、宇宙、自然、及道法。

那麼，苦到盡頭時，人生何處無芳草？若在今時今日，還能邀約三五伯樂入席，還能涮一壺好茶，這公道杯之下皆是伯樂，餘生若還能相互憐惜、彼此扶持、此生、已然是知足矣，那麼，試問？這成敗又何妨、得失又何妨？不如既來之、則安之、儘管世態炎涼、人心叵測、也要以最好的姿態來泡一壺人生的清香，然而，這一壺，只允許品味高尚的良仁入席品嚐，因為，只有品味高尚的良仁，才會懂得珍惜這一抹清香的高雅，

是的，人生是一種品味，且是一種高尚的選擇，上半場是一杯混沌的茶，而下半場，

205 ｜ 第七章　知因果者　無懼因果

卻是一杯清澈的茶，無論那些人多會偽裝，他也無法泡出這席伯樂的清香，因為，這一道公道的茶是以價值、人格、德行、相融合而沏出來的茶，又豈是常人能夠品味得了的呢？

那麼，人生這盞公道茶，你要選擇與誰人共同暢飲呢？這也皆取決於你的品味高低罷了，泡茶除了是一門藝術、也是一門學問、更是一種道法，你能與誰坐在一起喝茶，你就是什麼層級，然而，這人生的最高境界無非就是泡茶有聖人、對手是高人、幸得此番境地了。

人的品味決定了素養、人的德行決定了格局、人的圈子決定了層級、所謂成長、無非就是不斷看清真相、不斷在失去中篩選，所謂成長，也便是在疼痛中覺悟、在覺悟中認清人性的本質，你必須知道，得到便是失去、失去也便是一種得到的寓意，如若不能知曉其中的寓意，你便無法成為一個真正的智者，你也便還在混沌之中無法清醒。

你要永遠記得這一點，不要把自己的善良給錯了他人，人性的本質，永遠不是你能想像的這麼簡單，然而，你的圈子永遠都會有與你有利益之爭的人在背後加害於你，無論你有多麼善良、它們都會為了利益而不擇手段陷你於不義之地，你唯一能夠保護自己的方式，就是遠離功利之心特別強烈的人，也或者是你必須強大到暗黑力量也無法侵犯到你。

那麼，有人且會問，人性真有這麼可怕嗎？這個答案是肯定的，你永遠也無法知道人

性到底有多麼可怕，你只需要不斷強大自己、鞏固自己、擇三五肝膽相照之義士同行，真誠以待、謹言慎行、腳踏實地做人，不做作、不虛偽、守誠信、才能夠久立於不敗之地。

那麼、人性最可貴的是什麼？答案自然是人與人之間的道義，但凡是離開道義二字的一己私利、皆是違道之所為，皆不得善始善終，想要好好地活著，便要永遠記得，遠離那些不忠不義、忘恩負義、挑撥離間的人，或許你沒有他們精神能幹、或許你曾被他們傷得體無完膚，你也曾受盡了精神折磨和痛苦，這些都沒有關係，你要相信、天道不會放過任何人的虧欠，只要你還活著，你就有機會替天行道，讓正義之光得以光亮人間。

然而，邪不勝正，自古多行不義必自斃，又何況是因果不可改呢？即便是為了一點私利暫且贏得一時的風光，也終將無法長久，因為，風水轉到最後，人們心中的信仰只留給英雄的位置，人們心中的信仰絕不會留給狗熊來佔有，要相信、天道自然會還你一個公道，暗黑力量的存在，只是為了教會你不要成為那樣的人，相信天道、及人道自有章法。

當有一天，你對人性再也不抱有任何期待的時候，那麼、便要恭喜你，你即將得道，即將脫離人生的苦海，將做一個透明的健康人，當你變得透明之日不遠了，曾經的困苦與折磨，你不再迷茫、不再生氣、不再奢望的時候，你便也離得道之日不遠了，才會有真正的健康，當你不再迷茫、不再生氣、不再奢望的時候，你便也離得道之日不遠了，也都不算什麼了，而此時的你，變得淡然、從容、無求、無懼、這也便是你真正得道了。

三、懂得遠離，精神疾病患者。

當有一天，你成為一個得道之人，便會再也沒有任何事情束縛你，在你眼裡，一切事物都將透明化呈現，你知道自己要什麼、你也知道他人要什麼，即便你知道一切真偽也不會去拆穿，因為你不想去改變任何人、傷害任何人，你只是淡然一笑、一笑而了之。

是的，是非黑白，一笑而了之，你不會再期待任何人改變，因為，你知道宇宙道法自有安排，有些人、有些事、皆是為了渡你而來，當你明白道法的妙處，你便會明白，得到既是失去，而失去也既是得到，既然總之都是一種得到，你不是得到經驗、便是得到財富、及成長，那麼，當你變得通透、得道了，這是不是一件更值得的事情呢？

道法的妙處，只為有慧根的人而存在，宇宙道法會協助有慧根的人兒平安渡過，並強而有力得成就他的智慧，道法如同心法，無時無刻不在輔助正確的人去做正確的事情，道法無形，且正義的存在著，只要你用心去感受宇宙道法，道法就會一直圍繞著你、保護你。

知道嗎，這人啊，都是老天養育的，當有一天，你真正感受到了宇宙道法對你的護佑，隨之，在你的思維裡，便會產生一種透明和智慧，這也便是一種慧根在昇華，也只有慧根較深的人，才能夠體會到道法與心法的並存，才能感受到內在精神能量的妙不可言。

這當然不是玄學，這是科學及依據，當智慧在成長的同時，道法與人的精神則是共存

的相依，要知道，人的內在精神健康與這個人的慧根深淺，那麼，慧根越是膚淺的人，精神內在層級就會越低，而慧根越是深層的人，精神內在層級就會越高。

那麼，精神疾病、身體疾病，也皆是取決於慧根的影響，如果是過度、偏激的人，那麼，他得病的機率就會相對較高，如果是大德、大度之人，那麼，相對而言，他得病的機率就會相對較低，這是無可厚非的事實，那麼，便會得到一個答案了，一個有良好素養修為的人，自然是一個精神健康的人，反之一個素養粗糙的人，便容易是一個內在精神病患者。

當你發現，你受到不公平的精神折磨，那便是你身邊的人在你身上強加了罪行、及精神折磨，他們用言語刺激你的大腦，讓你受到前所未有的精神折磨，這個時候，你便要開始保護自己，他們會設法否定你的是非，突如其來地精神折磨與攻擊，皆是來傷害你的人，這類人就是隱藏的精神病患者。

所以，遠離那些隨意影響你心情的人，因為，那些人早已是精神病患者，你必須學會保護自己，人性險惡，你必須學會保護自己，否則，精神疾病患者，便會一直在你的精神上強加罪行，讓你痛不欲生，甚至你會開始懷疑自己的善良，他們會對你忽冷忽熱、對你一會兒是敵、一會兒是友、他們會長期破壞、否定你的人格才會得到他們的利益、及快感。

因為，他們缺乏仁愛、又天生嫉妒心強烈、若是他們發現，你無法為他們所利用、所

209 ｜ 第七章 知因果者 無懼因果

控制、所征服、他們便會設法抹黑你、攻擊你、甚至是會暗中拉幫結派來隔離你、詆毀你、因為，只有這樣才能滿足他們精神上的貧窮感、失敗感、及挫折感、在他們的內心早已把自己的失敗與不幸，強加於成他人的過錯，這便是內在精神病患者的明顯特徵。

顯而易見，精神病患者最明顯的特徵彰顯在攻擊性，其次是謊言成性，再則是拉幫結派，精神病患者還分為兩大類，一類是缺少愛的患者、二類是精神貧窮患者，由於他們的精神在某一個層面上長期得不到平衡感，因此，反而在其它層面卻表現得非常的優秀。

然而，當殘缺的一面長久得不到平衡時，便會產生巨大的反噬，從而便會對比他們更優秀的人進行主動性攻擊，當你發現，你自認為很親近的人突然對你進行不正常地言語攻擊時，這就是異常了，這是因為長久以往，在他們的內心早已對你產生了一種變態思維。

這種變態思維，就是他們早已把你當作是假想敵人、跟對手，所以，即便你對他們再如何友善，在他們的內心從來就沒有把你當作是真正的親人、及朋友，且是出乎你意外、不合常理地攻擊，而在此之前，你一直都沒對你有不正常地攻擊表現，這種現象的發生就已經確認，你身邊的人已經患有精神上的疾病。

另有一種現象，當你發現，你長期用真心付出的親人、或者是朋友，總是一而再、再而三地用虛偽的態度應付你，而你百思不得其解，但卻又不知道自己到底是哪裡做錯了。

然而，對方總是在他需要你的時候，又會主動去聯繫你，同時也會對你很熱情友好，可是沒過多久時間，你們又再碰面的時候，卻又發現對方與上次見面時的感覺完全相反，你的直覺告訴你，對方前後判若兩人，而且，這種現象在你們之間重複不斷發生，且是長年累月如此，通常這種情形也可以確認，你身邊的親人、及朋友，就是精神病患者。

無論是哪一種精神疾病患者，皆會有不同現實生活能力，其表現出來得生活能力、及行為，看起來似乎都很正常，但是當他們遇到不順心、或者是精神不平衡的時候，他們就會選擇性來傷害身邊的人，而且，精神患者們還會選擇性失憶，他們可以當作對別人的傷害從來就沒有發生過，也就是說，他們在發病地時候對你曾經做過什麼可能都會忘記。

而後來，你又發現，在他們主動攻擊你之後，沒過多久時間，卻又開始主動聯繫你、主動與你對話，甚至是表現出與你之間從未發生過任何不愉快之事，這種現象已經超出正常人的交往模式，這類現象完全可以確認，你身邊的這個人100%是精神病患者。

那麼，為何他們會選擇攻擊身邊的人呢？其原因也不難理解，因為，當他們發現對方身上有著自己身上沒的優點、及特徵之後，他們就會選擇性，自然而然地將對方列為自己的假想敵，每當他們精神內在極度不平衡的時候，他們就會選擇性地攻擊身邊的人，以填補他們精神上的極度不舒服感、以及不安全感。

不可思議的事是：精神病患者無論他有多麼富有，他們總是會覺得，他人身上有的好東西，他們身上卻沒有，這便是一種貧窮思維上的心理缺陷，也或許是因為他們內在素養的不足，也或許是因為他們天生嫉妒心過重，又或許是因為他們喜歡追求完美，反而又得不到自身真正的完美，所以，內在心理平衡上總是適得其反，長久以往在其精神上形成一種無法抗拒的空缺感、及貧窮感。

因為，他們越是無法認可自己就越是不想努力，於是就會急切尋找自身不完美的原因，從而開始針對身邊比較優質的人，進行鞭策、假設、排斥、嫉妒、且還會把自身的不完美因素強行加罪於是他人太優秀的過錯，很明顯，這便是貧窮精神的病根表現。

再則就是佔有慾，在他們的內心總是希望得到全部的愛，然而，卻發現身邊還有些人比他們更加優秀，更加得人疼愛，他們便會直接將對方設定為假想敵人，雖然他們知道對方身上有著自己喜歡的東西，他們卻會用毀滅性的方式來消滅他人的優勢，因為，這種優勢是他們身上所無法擁有的特徵，為了爭取自身的利益，他們會不擇手段來破壞他人的優勢。

因為，在他們心裡，只要破壞了這個目標假想敵的優勢、及完美，便會減少他們自身內心的不安感、增加其內心的勝利感，這類人，大多是缺少良好教育基因基礎的人，因為，

他們的教育基因裡面，沒有仁愛之心、謙卑之心、感恩之心、他們沒有讀過聖賢書，也不懂得欣賞美好的東西，他們不會因為身邊有更好的人而覺得是一種榮幸，反而會因他人的優秀讓自身覺得羞愧、覺得有失敗感、這些現象，皆是屬於貧窮教育所導致的病源基因。

這也便是原始教育基因的不足，從而所產生的精神貧窮疾病患者特徵，因為，個人素養差距過大，在每一個圈子裡都有受害者正在遭受這類病患者得折磨，然而，你的圈子確定有著精神病患者的事實，你也無法脫離你的圈子，因為，越是優秀的人，越是無法放下責任選擇離開當下的圈子，這便是附有責任心，他們就會越嫉妒你，你越是跟他們一樣卑微、同流合污、他們就會越喜歡你，這便是魔道的本性。

魔道的本性，天生帶有攻擊性、佔有性、貪婪性、卑微性、他們會像變色龍潛伏在你的圈子、及家族，這也或許是前世今生解決不開的劫難，你總是逃不開這些魔掌，你甚至會因為這些貧窮精神病患者的言語，從而懷疑自己的善良、懷疑人生、那麼你就徹底被害了，所以，分析人性的真偽，不要用眼睛去看人，試著用心去感受他，試著用聲音去分辨他。

要知道，這個宇宙一直都是有其對立存在的，每一個圈子皆是如此黑暗，表面上看起來安然無恙，你看那周圍的花草樹木生長地很平靜、且無波瀾，然而，事實上，你再用心

去觀察，馬路街道上那些年邁，且滄桑的臉頰上，哪一個不是無奈中帶著諷刺，且又不自然？

四、魔高一尺、道高一丈。

這世上總是有那麼些人覺得自己比別人精明，總是有那麼些人在各個圈子裡傷害著無辜又善良的人們，就如同天意般安排在這個環境中，你想逃開這些人，卻又無法逃避自己的責任，那麼，要如何應對這些惡劣的人呢？這便是一門學問，在道法中沒有解不開的劫難，只有過於良善的人心，然而，人為性的劫難，皆有化解地方法，且先學會深愛自己。

可曾思考過一個問題，為什麼魔道中人這般卑微、且可憐呢？即便他們擁有了美好的家庭也不會好好珍惜家庭，那麼，不如換一個角度來思考問題，既然魔道中人這般卑微，不就更加彰顯出你的優秀了嗎？你何必為了一時得遭遇不幸、而遲遲走不出痛苦的泥沼呢？

當你發現把自己的善良給錯了人，那麼便要懂得及時止損，收回你的善良、及情感、將自己重新調整平衡，把目標放在值得的人身上，你便不會因為情感、或者金錢上的損失而過度自責了，生氣是因為你沒有放過自己，也唯有放過自己，才會有新的出口、及開始。

生命的出口 | 214

要知道，人生沒有一帆風順的境遇，有時候你會懷疑自己，那是因為你對自己的要求過高，即便是對方的錯，你卻因為自己有著良好的素養，從而不想錯怪對方，你正是如此優秀，對方才會對你得寸進尺，肆無忌憚、不斷索取、進行人身攻擊、以及精神折磨。

如果你被婚姻束縛了、被責任束縛了、被前程束縛了、那麼，就是你人生中的劫難還沒有結束，你要試著用智慧去處理你身邊的人和事，那些讓你痛苦的人，人性就是這麼可怕，你越在意他們，你就越痛苦，你越離不開他們，他們就會越利用你，你必須重新取捨，如果人人都能懂得感恩、珍惜彼此，那麼，這天下就太平了，且人人都沒有疾病了。

無論你受了多大的委屈，記得永遠只做正確的事，永遠只交往正確的人、所謂魔高一尺、道高一丈、所以，不要為那些使你痛苦的人而丟失了自己的健康，因為，他們身上的精神磁場會干擾到你的精神健康，隨之又會干擾到你的身體健康，從而便會影響你的正常生活、及正常身心、那麼，你便要學會取捨、拒絕、你才能擺脫貧窮精神疾病者的魔掌。

你不必善良到連拒絕對方都覺得超越了自己的道德底線，你要知道，你越是懦弱，對方就會玩弄你於手掌之中，你越是強硬，對方就會越懼怕你，你必須了解魔性與獸性的特徵，你才不會受制於他們的利用與攻擊，你必須要強大自己，便要以其人之道還至其人之身。

215 ｜ 第七章　知因果者　無懼因果

是的，要以其人之道，還至其人之身，因為，你不欠任何人，又更何況是一個長期讓你痛苦的人呢？要學會保護自己，面對敵人要用理性去處理，這是一個仁義之士的基本素養，你若是對敵人仁慈，那麼，你就是對自己殘忍，要知道，強大自己皆是為了保護自己、及弱者、而不是為了被敵人利用，當你的仁慈給錯了人，便只會給自己增加更大地痛苦。

知道嗎，這世上有95%的人都會忘恩負義，哪怕是你最親的人，甚至包括你的兒女、兄弟姐妹、要知道，不是所有的親人都值得交心，也不是所有的兒女都值得包容，即便你曾經為他們付出了最真的心、以及最貴的金，你也只不過是他們生命中的一個貴人而已，當有一天，你再也沒有利用價值的時候，他們便不再把你當成是貴人，這便是人性的本質。

所謂人性就是半人、半鬼、半獸、半性的綜合體現，無論你信與不信，無論你多麼注重修為素養，你都會發現自己的不足之處，你要學會包容自己的不足，也要大膽相信自己的優秀，因為，這世上根本就沒有完美的人，只要你心存善念、心有仁愛、心懷感恩之心，這便是極好得修為素養了，青山再高，也有看不見他的人，湖水再柔美，也有害怕它的人。

總有一天，你會發現，再富有的人也有人嫌棄，再優秀的人也有人討厭、再仁慈的人也有人算計、再窮的人也有人利用、再富有的人也有人嫌棄，這便已經給我們所有的答案了，無論你遭遇到任何的境遇，苦也好、喜也好、這些境遇都是來渡你的，那些傷害你的人是來渡你的智慧成長、

那些幫助你的人是來度你的素養成長、總之都是好事在發生，只是需要你去用心轉換罷了。

是的，好與不好都要學會用心去體會，然而，生活就是一種品味，你要用智慧把不好的東西都變成好的東西，如此，你才是最高明的那個人，人性確實很複雜，當你用道法破解了人性的黑白，得道便是簡單的渡口，只要邁出情感這一關，你便是修得正果的得道中人。

為什麼受傷？為什麼痛苦？皆是因為情感放不下，因為情感放不下，所以無法原諒自己，也無法原諒他人，當你原諒了自己，你便不再去在乎那些傷害你的人了，所以，情感這一關必須要熬過、必須成熟穩健、必須千錘百鍊、必須不折不扣、方能化解內心的傷痛。

人這一生被人傷著、傷著、你便也成熟了、難道不是嗎？不入紅塵，不知深淺，又像那梅花、不經歷一番徹骨寒、又怎能綻放出百花皆不敢冒犯的嚴冬呢？你若不特別，又怎會遭人嫉妒呢？你若不善良，又怎會遭人利用呢？你若不優秀，又怎會遭人排斥呢？所以，一切安排都是最好的安排，那些傷害你的人都是來成就你的，這便是一個真理存在了。

然而，最值得你去做好的一件事情，便是要不斷強大自己，唯有強大自己，才能讓珍惜你的人得到溫暖、及陽光，因為，人道，害你的人無法靠近你，唯有強大自己，才能讓傷且充滿正義的生命，皆是為了大愛而生，皆是為了希望而生，皆是為了傳承而生，皆是為

217 ｜ 第七章 知因果者 無懼因果

了平衡環境而存在,所以,你的生命是極為有意義的生命,哪怕你發現自己正被折磨地千瘡百孔,你都要記得,你就是宇宙中的平衡者,你就是那一縷希望的光亮。

因為,你是天生帶有責任使命感的人,所以,你所承受痛苦要比常人加重一百倍、一千倍、一萬倍、如果天道沒有這般折磨你,你就無法承擔常人以外的責任、及使命,要知道,你的存在,便是一種公道、正義、仁愛、所有的痛苦與快樂,皆在你生命裡並存。

學會破解痛苦,學會化悲痛為力量,你的心智才會變得更加強大,當智慧得到一種昇華、當痛苦化為一種力量、當傷害變成一種反噬、你便大功告成了,這便是你的道的層級進階了、也便是你的道行更高了、還是你的責任更大了,是的,永遠都會有更大地責任等著你。

因為,你是特別的人,活著真的這麼累嗎?這個答案是肯定的,當有一天,你知道痛了、累了便是一種成長,你便是這世上最無缺的人、最幸福的人、這人生、皆是屬於你自己的、這世界,也皆是屬於你自己的、那個時候,你會遇見更優秀、更美麗的自己。

那麼,生而無缺,死而無缺,人生何來失去之有?這一世便已經足夠了,因為這一世,你一定會品嚐盡了人生的酸甜苦辣,下一世,你一定不會想要再回來這裡,回來這個人獸兩道的,因為你的任務在這一世即將完成,你會含笑、且安然地離去,你也不再念及這世俗的煙火之處,你只會品嚐這最後一盞紅塵的清香,而後,你便會揮筆自如,留

一頁虔誠和筆墨，祝福那些一路的過客們、或許是你的親人、朋友、敵人、你會告訴他們，如果有下輩子，咱們真的不要再相見了，不想再相欠，所以無須再相見。

如此悲涼地感嘆，這又為何而悲涼呢？因為，人生僅此一次的機會，人們卻不懂得好好珍惜彼此，為了一己私利而不斷殘害善待自己的人，這些人性也好、魔性也好、獸性也好、這些遭遇皆不是我們應該留念的人、事、物、難道不是嗎？

要知道，珍惜你的人始終會珍惜你，無須你挽留，而傷害你的人始終會傷害你，哪怕你再怎麼善待他們，你也永遠無法改變這個結局，然而，道法將會懲罰一切無辜傷害，即便你想解救他們，他們也會受到道法懲罰，因為，天道不會放過任何人的虧欠。

要知道，你痛苦的真正原因不是你不夠友好善良，而是因為你的圈子、或家族裡面有著身心不健康的人，且是真實存在，要記得，是誰給你長期施加精神折磨、以及痛苦，你就要遠離這種人，無論他是你再親的人也好，不要對這類人感情用事，只需要做正確的事，只交往正確的人，正確面對人生，才會有美好未來可言，這將會是一個很嚴肅的問題，不是自己的錯就不要苦苦受著他人的折磨，因為，你放不下仁義、情感、所以你才會痛苦，直到有一天，你發現你從未學會破解所有的痛苦來源，為精神找到最好的安放之處，

219 ｜ 第七章　知因果者 無懼因果

傷害過任何人，而是他們主動傷害了你，這個時候你就要清醒了，你要清醒地知道精神病患者真實存在，你想要保護自己的健康，就要學會擇仁者為友、擇高人為師、擇善者入席、唯有如此，你的人生才會減少諸多不必要的痛苦，從而增加無限健康與陽光。

哪怕你現在受盡了精神折磨也沒有關係，要相信，你會置死地而後生，得以成就你大德、大愛的天性本質，這才是最有意義的事情，不要去羨慕那些華麗的裝飾表象，人生最重要的事是要修得良好的內在素養，修得一個仁愛寬廣的胸懷，如此便是一種無缺、無愧。

靜下來，試著讓自己不再受制於任何人的精神折磨，找到問題的根本原因，找到周圍環境中的精神疾病患者，用最好的方式過最乾淨的生活，因為，你也很重要，不是只有他們很重要，記得不要高估任何人，也不要低估任何人，學會用心去分辨是非黑白，用理智去取捨進退，關於不同層次的人，不必去為難自己接受，你只需要對人生負責任便可。

不要把金錢的包裝當成真理，也不要把金錢看得太輕，二者皆不利於健康精神成長，能夠提早認知的事情、能夠提早努力的事情，就不要拖延到失去一切才後悔，這是一個發展速度飛速的時代，許多表象，如若是你還沒有能力分辨事物的本質，那麼，你就要多與良師為友，在成長地苦難中，要首先修為好自己的內在素養，而後、再去做你想做的事情，唯有如此，你才會擁有至高無上的精神狀態，才會擁有建立在靈魂之上的健康與快樂。

是的，人生更重要的事是要擇仁者為師，你就不會失去良好的教育根基，這個仁者可以是你的父母，也可以不是你的父母，只要你發現是誰能給你精神能量，誰能給你精神營養，那麼這個人就是你的良師益友，這個良師可以是一個人、還可以是一本書，易言之，一切有利於你精神健康、及健康成長的人、事、物，都值得你去好好發現、並關注。

你所吸收的資源是否健康，皆取決於你的內在精神需求，你將會自然而然地吸納多元化的資源，然而，有一些更好地成長方式，則是一種靜態成長、獨處成長、理性成長，這三大特性在精神層面給人一種極致，要知道，你用眼睛所看到得表象，皆不是你的真實需求，你只有閉上雙眼，在安靜、理性、獨處下冥思的時候，你才會知道自己真正要得是什麼。

我們真正要得是什麼呢？是純粹的物質？還是純粹的愛情？或是純粹的友情？又或是純粹的親情？以上皆可以取捨，即便你失去以上所有的東西，你也會生活得更好、更有品質，當你發現，你明明對人性失去了所有期待，然而，你在痛苦的精神折磨中好不容易走出來，你卻又突然發現，你變得無缺了，理智了、通透了，無感了，可你還是會依然選擇珍惜你自己的內在訴求，你會告訴自己，你將會生活得更好，因為，你發現，當你的情感、及遭遇、走到絕路的時候，你反而並沒有失去什

麼，與此同時，你卻收穫了前所未有的充實，你的精神既是滿足的、豐富的、也是空無的、清澈的、你在虛實之間真實的存在著，你穿越了所有得痛苦來到一個前所未有的層級，在這裡，你遇見了久違的良師、遇見了無缺的自己，遇見了人生最美麗的風景。

在這精神折磨的谷底，你見證了因果和真理、你明白了道法的存在、你收穫了強大的心智、你找到了生命的意義、從此，你不再受任何人的牽制，因為你的理智已經成熟了，而你的情感在折磨中也清醒了，你知道自己要什麼，你也知道受盡了誰的折磨，你會發現所有的痛苦，皆是因為你還沒有學會保護自己、你還不懂得真正的人性、你也不知道精神疾病者真實普遍存在，認清了這些事實，你才有未來可言，認不清這些事實，你所有努力都將會功虧一簣，你只會成為一顆被利用的棋子，所以，你是時候應該真正清醒了。

第八章 天道無私 道法無邊

一、窮則獨善其身,練就強大內功。

正負極端化則會導致物極必反,凡事剛剛好就好,做人、做事、皆不可超過自己的能力範圍外,凡事要懂得量力而為,不要去承擔無關自己的因果,除非是你責任義務之內的人與事,因為有些人碰不得、有些事做不得,有一些事相互沖,行走在人生路上,適當要懂得保護自己,切莫讓人生陷入被操控的局面,這也是一種自律。

人人都嚮往健康而美好的事物,那麼,推己及人、將心比心、試著經常換位思考,不是所有的人都有義務來幫你,不是假裝懦弱就會有人來同情你,不要習慣性在他人身上索取,要習慣性對他人付出,唯有如此,你的內在精神,才會日復一日正氣凜然。

當付出與感恩成為一種長久以往得好習慣,好運將會伴隨你左右,反之則會遭到負面影響,你喜歡靠近陽光而健康的人,那麼,你必將是一個陽光而健康的人,他喜歡靠近自私陰暗的人,那麼他必將會變得貪婪陰暗,既然來到紅塵人間,且要好好善待自己。

是的,想要健康生活在這個複雜的大環境之中,首先要學會善待自己,而後才懂得善

待他人，我們可以試想，一個連自己都不懂得善待自己的人，那麼，他又要如何懂得善待他人呢？這是衡量個人內在素養的基礎條件，所以，唯有先學會自愛，才會有人來疼愛。

唯有學會自愛，創造自己獨特的價值，才會吸納正向能量來到你身邊，這是你的福報在慢慢醞釀，而良性成長，也將會自然而然地發生在你身上，你只需要懂得珍惜生活，珍惜你所擁有的一切，待人謙和、謙卑、虔誠、長久以往去累積美德，你的精神世界就會變得更有品質，喜歡你的人將會自然而然地靠近你，那些想要傷害你的人，你也會不攻自破。

要知道，你的修為和素養，才是你真正的保護神，你的正面能量將負面能量阻擋在外面，這便是另一種保護自己的方式，所以，只要你的圈子乾淨了，你的人生就會慢慢變得清澈、乾淨，人們常說，你是什麼樣的人就會吸納什麼樣的人。

一個精神內在素養跟你差距極大的人，即便他想要加害於你，那也只能是他暫時得妄想、及詭計，要用你的正能量去抵抗外來負能量，你將會有安全保障，自古以來邪不勝正，你要記得，就算是再狡猾的敵人，只要在實力面前，所有的詭計都將是無用的。

是的，要用真正的實力來證明你自己，一切負能量干擾將會不攻自破，你要記得一個不變的真理，只有比你素養差的人才會想要害你，因為素養高尚的人，只會去幫助他人，這便有一個正確方向了，無論你正處在多麼惡劣的環境，只要你保持良好生活態度，認真

生活、勤奮努力、謙卑處事、不折不扣、且與人為善，你便會健康、且安全的活著。

要知道，只有嫉妒你的人，才會主動攻擊你，只要你視而不見，不被他人的情感所牽制，並對其進行精神上的正確分析、而後再清除這類人際關係，你便很快就能走出精神疾病者的侵略，也只有神經病的人，才會主動去攻擊他人，如若是你還學不會分辨什麼是魔、什麼是人，那麼，你將會遭受不必要地精神折磨，直至影響你的生活品質、以及健康品質。

所以，遇到任何不平等的遭遇，首要是分析人與事情和真偽，找出問題的不尋常之處，你的心智就會慢慢地更加成熟，你才會分辨出，那些傷害你的人精神是否正常，當你用理智找到正確答案之後，你更不必為了這些人而感到悲傷，甚至是懷疑自己的善良。

不要因為任何人對你不公平地對待而去懷疑自己，他們的目的就是為了讓你懷疑自己，讓你失去自信，讓你無法正常思考，這種精神虐待者無處不在，他們無時無刻都在否定別人、也無時無刻都在攻擊別人，這類精神病患者長期以傷害他人為樂，且無人能改變。

即便你對這類人再怎麼友善，也都會無濟於事，你會發現，你的善良不但被利用，你還會被這類人折磨到精神崩潰，漸漸地，你將會慢慢疏遠他們，這便是你的自我保護意識在成長、在進步了，雖然你暫時還沒有解脫痛苦，但是你已經提早對這類人做到了設防。

要知道，在一個品德高尚、且仁愛善良的人面前，謊言永遠是無效的，你將會默默地用

生命的出口 | 226

人格魅力，去自然而然地破解謊言，即便你從來都不知道到底有多少人在加害於你，哪怕等到10年、20年、30年之後，那些不知情得謊言和騙局，也都將會一一不攻自破，而那些曾經加害於你的人，也不敢再面對你，而你無須反擊便能輕鬆自然地破解對方的詭計。

對於那些曾經加害於你的人、謊言成性的人，又有什麼值得你生氣的呢？要知道，為人品行端正才是最好得防護盔甲，那些自愧不如你的人，才會想方設法加害於你，因為，精神疾病患者根本就沒有雅量去欣賞他人的好，因為他人的好，會讓他們感到不舒服。

既然，他們如此自卑可憐，那麼，你無須消耗吹灰之力，便能將他們一網打盡，這需要你持久地人格魅力來達成，所以，遠離那些內耗你的親人、及朋友，只要你堅守本分、以德立己、扛起責任、學會隱忍，你便會是真正的仁者，也便是真正的得道中人。

因為，再高明的手段，也終將傷害不到一個懂得隱忍的仁者智士，哪怕你承受了再多折磨與痛苦，但在時間的孵化下，你的道行、也正漸漸在啟蒙，以致任何人都將無法取代你。

所謂紅塵修心，便是在痛苦的隱忍中培養一個高尚、且正派的人格，而你將是屬於行道中人、也是道行中人、你的心將與道法同在、你的智慧將與宇宙同在，你所承受得所有痛苦和折磨，都將通過道法反噬到加害你的人身上，那些人將會得到應有的因果，然而，這些結局又與你何干呢？你不必同情任何人的因果，因為一切因果，皆是咎由自取的結果。

這便是道法的妙處，當你的道行還很淺薄的時候，你就會被情感所牽制、被感性所牽制、你總是會用一副悲天憫人的樣子去感嘆世間的不公、不和諧，你總是看到弱者就會想要保護他們、看到惡人你就想要幹掉他們，你甚至對你身邊的每一個人掏心掏肺對待，直到最後，你才發現，你身邊的人並不在意你的付出、也並沒有人認真你們之間的情誼。

於是，你還是不知道自己哪裡做錯了，你在懷疑自己的同時又陷入了萬劫不復的深淵，因為你的善良反而害了你自己，因為你根本就不了解人性的本質，因為你習慣性付出是一種缺陷，因為你不知道，不是每一個人都是正常的人、不是每一個人都值得你真心對待。

你終於發現，你原來也不是神，你也有失望的時候、生氣的時候、憤怒的時候、於是，你還是學會了妥協，你沒有正面去對抗那些人，因為你的素養決定了你的行為，你不會因為他人的傷害，而去對他人進行人身攻擊，即便你知道對方又在攻擊你了、你也不會做任何回應，因為你早已知道，這些人的結局將會是如何。

你的隱忍就是你最好的素養，你更清楚地知道，這些人與事定會有一定的因果存在，而是無解的惡性因果，你知道，善惡因果為何產生，你了解，那些表面的得到並非是真正的得到，你曾試著想去幫助這些人，讓他們得到靈魂的解救，但是你發現自己錯了，這些人不但不會感激你，反而還會排斥你、且生怕你破壞了他們設計的利益、及計劃。

最後，你終於發現，這些人是半人性的人，他們不是以人為本，以和為貴、你曾苦口婆心勸告，但是在他們眼裡，說夢罷了，因為，在他們眼裡，永遠只重視設定地利益和目標，你的天真也只不過是在癡人真的高尚模樣，你終於發現，有些人不需要修為自己，根本就沒有人理會你那天當那些人發現你的存在將會阻撓他們達到目標時，他們只需要得到自己的利益就夠了。他們的圈子，因為你不是他們可控的目標，你只是一個絆腳石，讓你離開時候，才會主動聯繫你，而你所聽到得並不是真誠和關心，只有在他們想要利用你的

終於，你開始厭惡這些人了，儘管你內心非常難受，但你還是沒有表現在臉上，因為你知道這類人不可深交，也不必正面揭穿真偽，你會選擇默默地離開、與之漸行漸遠、你也不再主動聯繫這些人，你將你的圈子畫了一個圈，旁邊還寫著非請勿擾四個字，因為，你清楚地知道，那些人只是為了金錢和利益而來，你明明白白，你們並非是同道中人。

二、道不同、則不相為謀。

有些人的出現，是為了給你一個狠狠地教訓，而有些人的出現，只是為了給你增加負能量，如果你還是練就不出一身好道行，你就會任意被這些人左右你的生活品質、及素養，

然而，天生萬物，其理彌善，萬物皆是相生相克存在著，要知道，你的敵人，正是你人格的對立者，所以清醒吧，不要試圖去改變任何人，因為，成功的機率可能是零。

在這個世上，除了你的父母跟孩子可能會因為忠孝而去包容你的缺點，其它以外的人，包括你的伴侶，或許也無法包容你的胡作非為，這便是道德綁架地作用、及效果，因為你的父母跟孩子對你的愛與眾人不同，所以，他們即便是知道你錯了，也會選擇性接納你，因為，父母和孩子沒有其它更好地選擇，於是他們對於親情就會選擇道德上的一種妥協。

然而，事實上，這也是一種愚蠢地愛與包容，也正是這一種愚蠢地愛，才會由家庭而延伸到朋友圈、工作圈、使人失去對人性的基本判斷，要知道，家庭教育有多麼迷茫，社交層次就會有多麼混沌，要知道，不是所有的包容、及妥協、到最後都會得到善果。

人性的教育基因，一直都是從家庭根基裡開始啟蒙，混沌的父母將會教育出混沌的孩子，當然也有少數幸運兒存在，且先不要幻想有奇蹟的命運了，那是億萬分之一的機率，所以，你要慎重得認清一個事實，良好的教育基因、將會是每個人一生的命格、及遭遇。

人與人交往，和則近之、不和則遠之、在一個家族裡，幾乎所有痛苦得發生，皆離不開婚姻道德綁架、以及親情道德綁架、你會發現，即便受傷了，要做出一個離開地選擇是多麼艱難，因為在你的道德範圍之內不允許你去傷害他人，所以，你才會比常人更加痛苦，

生命的出口 | 230

因為，你解脫痛苦得速度將比常人要緩慢一些，於是你重情義的優點，反而成了你的缺點。

懂你的人永遠會心疼你，不懂你的人卻只會說你傻，這人啊，只有傷及到了其尊嚴底線、或者是道德底線，你才會知道人性有多麼惡劣，然而，不是所有來罵你的人都是為了你好，這世上除了你的父母才是真心希望你能變好，其它以外的人則要另當別論，因為，除了你的父母，沒有任何人有資格指責你，除非，他是一個曾經對你有恩的人。

所以，人與人之間道不同，則不相為謀，這是一個現實面的問題，你不必對他人進行道德設限，因為，根本沒有任何人會被誰框架，也沒有人能夠左右任何人去設限自己，更沒有人有義務去包容一個設限自己的人，所以，每一個人的行為都將會自因自果。

要知道，不是所有的幫助都會有人感恩，也不是所有借你錢的人都會對你有所幫助，真正對你有所幫助地永遠都是真理、及教訓，然而，真理皆是一種正確指引、而教訓皆是在失敗中成長，只要記得，不是有錢人就叫成功了，成功的人永遠都叫有情有義之人。

思維細節決定了人的品質、及素養、然而，人的格局體現在德行、及眼界、你與誰同行，才是人生成長方向最重要的事，若能修得崇高的素養，也是值得人們敬仰的事情，然而，不是所有人都會敬仰你的能力，能夠讓你支撐到最後的，永遠都是你的人品。

所以，不要有害人之心，否則將會遭遇萬劫不復，萬物皆以良善為根本，其運勢、自

然會亨通，而人的德行，皆以忠、孝、仁、義，為膜拜，其命中，自然有福報，正所謂，一切福田不離方寸，人若是不認真努力、不認真修為好自己，難道還要指望老天來庇佑嗎？

虛幻的世界並不虛幻，一切不以物資層面來衡量輕重，一切皆以精神層面來衡量輕重，總有一天你會明白這是一個真理，雖然有些東西是需要的，但是有些價值卻高於金錢的價值，人類的價值將會決定於個人素養、品味、及格局。

這便有了一個答案，人與人之間的區別在於，有些人存在的價值是有價的，而有些人存在的價值卻是無價的，那麼，活著皆是為了一種價值而存在，人生的價值觀是否正確，這取決於個人的心態，人生價值觀如若是錯誤的，那麼，將會得不到真正的快樂，因為，人的價值若是被扭曲了，那麼，所有的努力都將會形成一種有價的價值。

所以，價值的意義，應該是無價的意義，才是正確價值觀，那麼，不要把自己設限在有限的價值之內，那樣只會卑微、矮小了自身的格局，因為，不是所有的人、事、物、都是有限的價值，要知道，有些人、事、物的存在，永遠都是無價、且珍貴的價值存在。

關於對價值的理解深度，這便是思維與德行的進階層次了，你若是看得起自己，你將會是無價的存在，若是看不起自己，則將會是有價的存在，然而，精神的存在意義，若是看不起，自然也是無價的存在，而無形的存在，精神是無形的存在，而無形的存在意義，自然也便是價值的存在意義，精神是無形的存在，而無形的存在，自然也是無價的存在、永久的存在。

這便有了一個正確答案了，因為有了精神思想的存在，所以，思想的價值變得更加無限延伸了，也就變得無可估量了，這無可估量的存在，便是一種無價、且無限的價值存在了，深入了解價值觀、及意義，我們的靈魂便將會得到真正解脫，當你找到價值的正確意義，也便有了人生最明確的方向，明白我們的價值是什麼，從而便不再是混沌的狀態。

要知道，生命雖是有限的價值，但是精神卻是無限的價值，在有限的生命裡成就無限的精神價值，成就無價的精神意義，如此，便是人間值得，儘管你穿越紅塵，被傷害到體無完膚，你始終堅持一個正確的信仰，那便是精神至上、成長至上、於是宇宙中心為你敞開了智慧的大門，你將在歷經紅塵世俗得蛻變下，得以成就無上的精神素養、及無限價值。

這便是感動自己，當你明明白白感動到自己的時候，這也便是你脫離苦海的日子了，於是你不再傷痛、不再受情感牽制、不再貪婪、不再有糾結憎恨，你既是一個健康的存在了。

是的，最終，我們皆是為了健康的存在從而去成就自己，一個擁有良好修為的人，既有成就他人之心，也懂得如何成就自己，這便是一種大德、大愛的精神，且是一種無人能及的灑脫情懷，這也是一種精神之上的至高無上及享受，這是宇宙之神賜予你的特定精神。

如果你身邊出現了以精神至上的這類人，請要好好珍惜他，他也會珍惜你的存在，也會成就你的價值，前提是你必須要足夠努力、足夠優秀，否則他會看不見你的精神存在，成就

價值的捷徑就是首先要成就自己，他才會成就你的無限價值，也或是成就你無價的價值。

道既是空、空也是道、法既是度、度也是法、這個維度是思維的頂峰，唯有思維才能夠穿越道與空的維度，才能夠穿越度與法的維度，這個維度既是精神、智慧、思維、及宇宙之間的維度，當有一天，你發現你的情感被消耗盡了，你才會真正安靜下來，當你真正安靜下來之後，才會有精神上的維度穿越，你必須走到想哭都哭不出來的這一天，你才知道什麼叫欲哭無淚，當你的心痛變得徹底了、透明了、無感了、這便是你進入維度空間了。

你的心，彷彿與宇宙中心相連了，你的心，又像是空了、清澈了、無雜質了、你的心，似痛又非痛，似恨又非恨、似愛又非愛、似生又非生、你感覺到你的心與蒼天都老了，你對紅塵俗世徹底淡了、倦了、即來到也可，去了也可、得到也可、失去也可、你發現，你卻依然肩負著每一天的責任，守護著你必須守護的人，你且一直都不離不棄。

這也便是人生的一種無我境界，你看似四大皆空得存在著，卻又肩負得起一切苦難，你毫無留念、也決不放棄任何解決問題的可能性，你可以頂天立地、也可以行如流水、你可以拒絕所有、也可以坐擁山河、你不必刻意去討好任何人，你只需要在正確的時候，去做最正確的事情便可，你眼裡，再也看不到卑微的存在，你眼裡，只有錦繡未來的存在。

你不必為了迎合任何人，而去刻意謀合他人，但凡是刻意謀合之人，皆是來利用你的

生命的出口 | 234

三、要如何成就人生最好的姿態？

你可以沒有背景，但一定要有自信。

人，你要知道，不是所有的人都值得你來真心接待，關於三觀不正的人，也不必與之苟同，你不是慈善機構，而對方也不是流浪災民，這個社會是一個精神管理體系的存在，那麼，人人皆需要一個健康管理體系的存在，因為，擁有健康的精神體系，你的生活品質才會漸漸提升，你將無法得到進步，也無法提升精神世界層級，要知道，獨善其身地可能性，才有足夠健康和智慧，去成就優秀的人事物，你若是不能自控、便不會有自度地可能。

生命中有無數個過客存在，這些人的存在，只是為了讓我們做出一個正確的取捨，當你學會了如何取捨，你便會有了更高層次，因此，你必須學會對這個環境說：這個我不需要，那個我需要考慮一下，因為，可能性，你將只有被他人利用地可能，因此，你必須學會對這個環境說：這個我不需要，那個我需要考慮一下，因為，只有你堅定地意志力，才會得到他人的尊敬，只有你肯定地語氣，才會得到他人的認可。

背景永遠是屬於他人的，只有你的實力，才是永遠屬於你自己的，你即便是沒有幸運的背景，那麼，也要對自己絕對充滿信心，無論遇到任何困難，都要堅定地相信自己，因為，只有相信自己的人，才會練就出絕對實力，以及絕對自信，當你有了足夠的實力，你就會擁有常人所沒有的自信，從而你強大的自信，將會是你永久的底牌、以及骨氣。

然而，每一個人的起點，都不會決定他的終點，自古英雄不論出身低，自古高手也皆在民間，所以不要小看任何人，人與人之間首要條件是尊重，而後，才會有長久走下去得可能性，我們可以試問，一個連基本素養都沒有的人，又有誰會想要與之長久同行呢？

關於人的能力，依靠他人是嬰兒、依靠自己才是成人、要知道，只有你的實力，才是你最強大的背景，而你的素養，才是你最強大的根基，沒有這些根基做支撐，就算是賺到再多財富，也只不過是一種手段罷了，因為，只要一開口說話，格局與層次便會一覽無遺。

所以，紅塵修身，首要是先修好自己的內在素養，首先要讓自己成為一個健康的載體，而後、才會有長久的實力，一個只知道追求金錢的人，自然是不會懂得修身重要性，也不會懂得教育重要性，即便是他得到了想要的財富，在其它方面也將會是一塌糊塗。

成就良好的內在素養，才會有足夠的自信去努力，而後才會有真正的實力來支撐久遠，因為，人生不是只有賺取金錢而已，人生更重要的事是如何提升自我內在素養與格局，在

高素養格局下，你要成就地機率將會更高，你的人生也將會成就更健康、更陽光的未來。

你可以沒有能力，但一定要重情義。

人生百態，只要是認真努力過了便是值得，即便是沒有得到更多財富，那麼是一個重情、重義之士，要相信，你所沒有得到的東西，老天一定會在另一面加倍補償給你，老天不是給你財富、就會給你好名聲、不是給你健康、就會給你幸福家庭、就算你什麼都不完美，老天也會給你平安，或者是自由，那麼，人生何苦之有？若說人生有苦，那也是自己追求太多了，切記在任何階段性地成長都要學會知足、感恩，才不會迷失了方向。

無論你有多麼優秀、無論你有多少缺陷、在人身上最可貴的還是情義，要知道，成長只是人性的本能，但是不要因為成長，而失去了最寶貴的東西，那便是人生最大損失，因為，就算擁有再大的成就、再高的學歷、再多的財富、如果失去情義、道義、忠義、那麼，其結局，也終將會是一個負面的教材，因為，成功絕對不只是一人的成果。

你可以放棄事業，但不要放棄責任。

如果說一個女人，一定要在孩子與未來人生中做一個選擇，除非她有絕對能力做到雙管齊下，否則就會丟失對孩子良好的教育，如果一個孩子的良好教育，在他母親心裡還不如自己未來的人生，那麼，這位母親當初就不應該選擇生下這個小孩，我們可以試問，一個女人對自己的孩子都不想付出、及守護，那麼，她又有什麼素養，去成就她自己呢？

顯而易見，一個對家庭、孩子、老人、都不想付出的女人，又怎會對他人負起任何責任呢？那麼，她未來的人生與事業，將會有成功、及可能性嗎？答案自然是否定的，因為，她連基礎家庭責任都無法成就，那麼，她又有什麼素養，去成就家庭以外的人事呢？

能夠把一件小事做好的人，自然也是能夠承擔更大地使命，因為，真正的成功永遠不是事情的大小，而是看這個人是否捨得為他人付出、看這個人是否有成就他人的美德，那麼，便有一個答案了，一個連自己的小孩、及家庭、都無法付出的女人，同樣沒有好德行去成就她未來的人生。

所以，既然沒有成就他人的心，就沒有成就未來得可能性，最多也只是追求金錢至上的遊戲而已，然而，除了得到一點金錢，她所失去更多是什麼呢？答案自然是失去她孩子

生命的出口 | 238

良好的教育、失去她孩子的天倫溫暖、失去她孩子的美好前程、失去親人、及社會的信任。

一個女人可以選擇工作，但是不要放棄家庭和孩子，一個女人在貧窮與責任面前選擇了什麼，將會決定她的內在品質、及素養，因為，熬得過貧窮，也將堪當得起大任，然而，熬不過貧窮，失去地將會是一切，只是需要一點時間罷了，要知道，天道因果輪迴，不會放過任何人的虧欠，然而，金錢只是一種需要，要切記、永遠有比金錢更重要的東西。

你可以不太精明，但一定要有智慧。

何為大智若愚？細節決定了人的品質和德行、有些人看起來很是精明能幹，但是這些也只是表象，而事實上，一個母親的成就，永遠不止這些外在利益而已，當然，不可否認，也有一些優秀的母親也做到了內外兼備，但是有這種成就的女人，機率是萬分之一。

誰都知道金錢的誘惑力，但是在家庭責任與教育面前，她選擇了什麼，將直接影響她一生的命運、及誠信、又有多少隱忍於市的母親，為了孩子的家庭教育而放棄了大好人生，又有多少偉大的母親，為了陪伴孩子的啟蒙教育而放棄了追求，即便是她們受盡了現實得折磨，她們也要為了孩子的健康而留在孩子身邊，她們寧可為了孩子的心理健康，而捨得

犧牲自己的前程，她也寧哥為了孩子的未來而放棄自由，甚至是有些母親明明知道她們的愛情沒有了、財富沒有了、自由也沒有了，她們卻還是會選擇先為了孩子而付出。

我們可以試問，她們真的很像是傻子嗎？答案完全相反，她們不但不是傻子，她們還是這世上最偉大的母親，因為，在貧窮與利益面前，她們選擇了責任與擔當，這便是常人所做不到的境界，看起來選擇很是吃虧，實際上是做了一件正確的事情，因為，即便是她們選擇了利益、選擇了事業、選擇了自由，也只是成就了她們自己的私欲而已。

那麼，成就自己與成就他人的分別是什麼呢？生為一個母親若是選擇成就自己，自然是比較自私的行為，然而，選擇成就孩子，自然是比較偉大的行為，選擇成就自己，皆是為了自己而活，反之選擇成就孩子，皆是為了孩子、及家庭而活，前者是以自我利益為中心，後者則是以他人利益為中心，顯而易見，這便也是卑微與高尚的區別之處。

更重要的是，選擇成就自己，其眼光，自然是比較短淺的眼光，而選擇成就孩子，其眼光，自然是比較長遠的眼光，然而，一個真正的成功者，絕對不是只有成就自己，一個真正的成功者，皆是在成全他人的同時，也便成就了自己，難道不是嗎？

是的，當你成全了他人，同時也會成就了你自己，因為，利益是延伸的，而不是狹窄個人利益，只有你身邊的人都好了，你才會變得更好，這也便是高尚的德行與素養，人生

在世，永遠離不開修身這一環節，這也便是修身、齊家、治國、平天下之道法、及妙處了，做到了小我要求素養，自然也就能夠治理好一個家庭，能夠治理好一個家庭的人，自然也有能力去治理好一個國家，能夠治理好一個國家的人，自然也就會受到人們的敬仰。

所以，能把一件小事做得好的人，一定能夠把一件大事做得好的人，你能夠捨得犧牲私利去為弱小和家庭付出，那麼，你也同樣能夠捨得利益去為社會服務，這道理皆是相通的，反之則是，一個為自己孩子都不想付出的人，又要用什麼好品德去成就事業、及社會呢？

所以，金錢與財富絕非是衡量一個人是否成功的標準，當然，也有人把事業家庭兼顧地男男女女，這種情形大多是夫妻共同努力的結果，也需要夫妻雙方都具有極高責任心，才能夠達到相互協調作用，以至於，既成就了事業，也成就了孩子的良好教育。

婚姻有太多得不幸遭遇，最終受到傷害地都是自己的孩子，一個自私的選擇，將會決定一個孩子終身的命運，然而，良好的啟蒙教育，皆是來源於有足夠責任心的父母，而這條萬里長征的路上，如果沒有堆疊起來得點滴陪伴、及教育，那金字塔腳下就不會有穩健的根基，被風一吹，便將會倒成一堆散沙，那麼，良好教育基因，才是永續的學問。

是的，教育是一門學問，然而，學歷並不代表學問，因為有學歷的人，並不一定會懂得學問的意義是什麼，學問可以是一個多元化的組合，學問是道德範圍與生存遊戲相互之

241 ｜ 第八章　天道無私　道法無邊

四、千人千面，誰人能解惑我凡心？

你可以沒有很高的地位，但一定要有很高的格局。

那麼，地位又是什麼，地位不一定是財富多寡的彰顯，地位可以是你的個人價值，因此，這世上需要你的人越多，那麼，你的價值就會越高，你在他人心中佔有的位置，也可以是你的地位、及價值、這不取決於你的官位有多大，也不取決於你的金銀財富有多少。

你的地位，決定在於他人的良心理，這世上也只有良心，才是最公平的衡量標準，除開了人的良心做衡量標準，以數字為單位而框架的地位，皆不是屬於真正的地位，我們可以試問，這上下幾千年歷史文化，曾經出現過多少德不配位之人？

這萬千凡塵，又真正能有幾人，是真正在意大我整體利益的人？無非就是求利者居多、勢利者居多、歷史雖然在演變，但是人性的本質永遠是正反兩極化在演繹，人類的大腦永

生命的出口 | 242

遠是左右對開的形式、就如同虛與實的平衡、黑與白的平衡、在模糊中運轉、且永無休止。

是的，人類的大腦在模糊中運轉，且永無休止。古往今來，又有幾人能夠真正看破這紅塵之誘惑？又有幾人能夠真正認清自己？古往今來，又有幾人能夠真正看破這紅塵之誘惑？又有幾人能夠真正認清自然的本質？答案皆是否定的，有些表象看清，並不是真正看清，而有些表面放下，也並非是真正放下，人活一世，若說真正放下，那麼，這個放下，也只是一個虛無的名詞。

這就好比佛道中所說放下，這也不過是讓人們能夠得到精神上的一種解脫，佛道中人所說放下，也只是為了普渡世人，能讓世人都能夠擁有一顆歡喜心、平常心、空無之心，然而，即便你是佛道中人，也未必就能做到真正放下，因為，無人能夠真正放下紅塵之事，因為你還活著，必定會涉入其中，既然人人皆會在紅塵這其中，又何來真正放下呢？

從而放下，無非就是超渡靈魂解脫地說法，人類永遠無法六根清淨，試問，誰人能夠真正擺脫名利地位、黑白乾坤、衣食住行、喜怒哀樂呢？答案自然皆是否定的，因為，人的靈魂永遠需要這些束西，才有支撐生命的可能性，只要你還有生命，那麼，皆不可能放下。

何為欲念？衣食住行皆會產生欲念，那麼，自然無法做到真正放下，你只能放下過多得奢望、放下過多得自責、放下過多得仇恨，這也只能是看輕、看淡一些，只要活著，並不能真正放下這些，既然如此這般，那麼就選擇面對現實、面對真實內心，做一個誠實的人。

243 ｜ 第八章　天道無私　道法無邊

是的，紅塵修心，要做一個誠實的人，有些虛空的言語聽聽就好、有些虛無的追求想想就好、有些無解的仇恨笑笑就好、有些無妄之災盡力了就好、這難道不是人生最好的姿態嗎？誰來渡你、你去渡誰、皆不是重點，重點是你能夠自度、唯有自度才有自在之心。

你可以不做偉大的事情，但一定要有偉大的靈魂。

在一次偶然的機會看到這樣一句話，你可以不做偉大的事情，但你一定要有一顆偉大的心，這一顆偉大的心可以體現在崗位上，也可以體現在家庭裡，當你在為他人付出的時候，你的靈魂是一顆偉大的心，無論你為社會付出、為家庭付出、皆是一顆偉大的心。

然而，一切拋開責任的追求，皆是卑微的追求，但凡是建立在責任之上的追求，皆是值得被敬仰的靈魂，人的靈魂是否高尚，取決於他正在為誰付出，他是在為責任而付出？還是只為金錢而付出？只為自己而付出勞作，這也便是高尚與卑微之分。

強者皆是為了弱者而存在，強者皆是為了平衡而存在，努力地方向是否正確，他對名利上的定位，將自己定位在有限的價值，還是將自己定義在無限的價值，取決與他是否擁有一顆偉大的心，如果單純只為了金錢而努力，那麼，便不會擁有一顆偉大的心。

如若是為了他人而付出，即便你只是平凡存在著，你的靈魂也將是高尚而偉大的存在，事情不在於大小，而在於你正在為誰而付出勞作，你看，同樣的身影，有著不一樣的內在、

生命的出口 | 244

同樣的崗位，有著不一樣的心態、同樣的追求，卻不一樣的意義，這便是德行高低之分。

修身立己，拿得起那一份，做不違背責任、不違背良心的事情，只要沒有害人之心，只要不把自己的利益與快樂，建立在傷害他人的基礎之上，如此便是甚好，要知道，天道無私、道法無邊、你的心態，將決定你的善惡、你的眼界，將決定你的格局。

你選擇高尚的，還是卑微的，皆在善惡邊緣抉擇，你是什麼樣的基因，你的孩子就會是什麼樣的基因，你選擇為孩子努力，你的孩子將來也會選擇為你而努力，你若無視孩子的健康成長，你的孩子將來也會無視你的健康與否，這便是天道，不折不扣的天道因果。

所以，你的選擇，決定了未來的方向，決定了你的眼界高低、以及圈子好壞、你可以選擇孤獨的高尚，可以選擇高尚的孤獨、你唯一不能選擇卑微的品味，那樣會將你帶進萬劫不復的深淵，也將會失去你自身的價值，而自身的價值，便是你的生命存在意義。

你的生命存在意義，取決於有多少人懷念你、有多少人需要你、有多少人信任你、有多少人敬仰你、這便是天道無私，所以，任何人都不能索取更多的東西，因為，你想要索取越多、失去就會越多，反之你付出越多，就會得到越多，這是一個不變的真理。

那麼，不要成為金錢的奴隸，要成為金錢的主人、那麼，不要僅受制於利益和誘惑，要成為道德的主人、那麼，要學會區別，不是所有的貪玩都代表不負責任、也不是所有的勤勞

245 ｜ 第八章　天道無私　道法無邊

都代表上進努力、不是所有的傲慢都代表目空一切、也不是所有的謙虛都代表真正君子。

你可以沒有很大的成就，但一定要懂得成就他人。

誰的人生不是在失望中成長？誰的青春不是在錯誤中成長？當愛情被現實壓垮，你就知道什麼是愛情、當真誠被虛偽欺騙，你就知道什麼才是人性、當能力被環境而左右，你就知道什麼是現實、當理想被現實左右，你就知道什麼是責任、什麼才是道德綁架。

你要清楚地知道一件事情，一切將你用道德框架好得安排，都是在考驗你，毋庸置疑，命運是天道在安排，天道安排了正負兩極化地存在，悟不透了，便是得道，悟不透，則是迷道，正所謂，得道者多助，失道者寡助，要知道，一切選擇皆為法，亦有不為法。

法既是道，道既是法，度既是量、量既是度、一切因果，皆離不開善惡、一切道法，皆離不開度量、你雖然無所成就，但是你卻成就了他人、你雖然清貧優雅，但是你卻高貴地活著，你選擇孤獨，但是你卻並不孤獨、你選擇寂寞，但是你卻並不寂寞。

活著，便要精彩、成長，便要徹底、你用自己的幸福，換來了他人的平安、你用自己的自由，找來了他人的健康、你用自己的前程，換來了他人的周全、你在平凡之中綻放自己高尚的氣息，你將最美的祝福送給了最可愛的人，你曾用自己的所有疼痛換來了孩子的心理健康，於是你生命的存在，皆是被人需要的價值，你相信，天道無私，萬變不離其宗。

生命的出口 | 246

是的，上下幾千年智慧傳承，萬變不離其宗，你能夠成全他人，你便也能夠成就自己，然而，不是所有的付出，都要用金錢來替換代價，也不是所有的痛苦，都要用不幸來詮釋得失、當你為責任而付出了青春、付出了理想，儘管如此，你依然還是願意堅守一份仁義道德：禮、儀、廉、恥、信，你只為成全無辜的人兒，讓他們能在你眼前健康活著。

是的，你曾為了他人的健康，而犧牲了自己的健康，你曾為了他人的快樂，而犧牲了自己的快樂、你曾為了他人的前程，而犧牲了自己的前程，你以為你失去了所有，然而，你不但沒有失去所有，你還擁有了世上最富有的財富，這便是屬於你精神之上的無價財富。

你將有限的生命價值，成全了應該成全的人，你將有限的生命價值，變成了無限的精神價值，你知道，成全他人，也就是成全了你自己，這便是幾千年智慧傳承精華，也便是為什麼列祖列宗，皆要以德立人的道理，做人理應外方內圓，不要為了自己的小小利益而去刻薄他人、傷害他人，要知道，一個嚴格要求自己的人，才會練就出高尚的德行、及本事。

擁有再多的財富，並不代表擁有良好的美德、擁有再高的地位，並不代表擁有很高的格局、擁有再高的學位，並不代表擁有寬廣的胸懷、而最終，你良好的修為、及素養，才是你永久的底牌，你真誠的品性，才是你一生的寶藏，你寬廣的胸懷，才是你強大的實力，你遠大的格局，才是你生命無限的價值，然而，千人千面，也唯有自己，才能解惑凡心。

247 | 第八章 天道無私 道法無邊

國家圖書館出版品預行編目資料

生命的出口 / 彭品心著. -- 初版. -- 臺北市：博客思出版事業網,
2025.02
面 ； 公分. -- (心靈勵志 ; 62)
ISBN 978-626-7607-06-0(平裝)
1.CST: 修身 2.CST: 生命哲學
192.1   113020553

心靈勵志62

生命的出口

作　　者：彭品心
主　　編：楊容容
編　　輯：陳勁宏
美　　編：陳勁宏
校　　對：楊容容　古佳雯
封面設計：陳勁宏
出　　版：博客思出版事業網
地　　址：臺北市中正區重慶南路1段121號8樓之14
電　　話：(02) 2331-1675 或 (02) 2331-1691
傳　　真：(02) 2382-6225
E - MAIL：books5w@gmail.com或books5w@yahoo.com.tw
網路書店：http://5w.com.tw/
　　　　　https://www.pcstore.com.tw/yesbooks/
　　　　　https://shopee.tw/books5w
　　　　　博客來網路書店、博客思網路書店
　　　　　三民書局、金石堂書店
經　　銷：聯合發行股份有限公司
電　　話：(02) 2917-8022　　傳真：(02) 2915-7212
劃撥戶名：蘭臺出版社　　　　帳號：18995335
香港代理：香港聯合零售有限公司
電　　話：(852) 2150-2100　　傳真：(852) 2356-0735
出版日期：2025年2月 初版
定　　價：新臺幣300元整（平裝）
ISBN： 978-626-7607-06-0